建设项目档案工作指导系列丛书

风电项目档案工作指导

王 淼 乔 俊 丁 伟 等著

中国建筑工业出版社

图书在版编目（CIP）数据

风电项目档案工作指导 / 王淼等著. — 北京：中国建筑工业出版社，2023.10
（建设项目档案工作指导系列丛书）
ISBN 978-7-112-29174-8

Ⅰ.①风… Ⅱ.①王… Ⅲ.①风力发电—基本建设项目—工程档案—档案工作 Ⅳ.①G275.3

中国国家版本馆 CIP 数据核字（2023）第 180906 号

责任编辑：王华月
责任校对：芦欣甜

建设项目档案工作指导系列丛书
风电项目档案工作指导

王　淼　乔　俊　丁　伟　等著

*

中国建筑工业出版社出版、发行（北京海淀三里河路 9 号）
各地新华书店、建筑书店经销
北京红光制版公司制版
建工社（河北）印刷有限公司印刷

*

开本：787 毫米×1092 毫米　横 1/16　印张：7½　字数：183 千字
2023 年 10 月第一版　　2023 年 10 月第一次印刷
定价：**56.00** 元
ISBN 978-7-112-29174-8
（41882）

版权所有　翻印必究
如有内容及印装质量问题，请联系本社读者服务中心退换
电话：（010）58337283　　QQ：2885381756
（地址：北京海淀三里河路 9 号中国建筑工业出版社 604 室　邮政编码：100037）

内 容 提 要

为提高风力发电工程建设项目档案规范性水平，确保公司建设项目档案内容完整、准确，档案案卷组卷合理、规范，特撰写了《风电项目档案工作指导》。本书内容包括：编制说明，分类依据，工程档案总体要求，前期文件内容及要求，施工图内容及要求，建设用地内容及要求，招标投标内容及要求，合同文件内容及要求，开工准备文件，资金管理、质量监督、物资管理、项目管理内容及要求，工程施工文件内容及要求，工程监理、设备监造文件内容及要求，风机调试文件内容及要求，竣工验收、工程总结和决算文件内容及要求，竣工图内容及要求，设备文件内容及要求等16个部分。本书可作为风电建设项目档案管理的工具书供参建各方使用。

本书在龙源（北京）新能源工程设计研究院有限公司工程管理部各位同事共同努力下完成著作。第1、11章由王淼撰写，第2、3章由乔俊撰写，第4、5章由丁伟撰写，第6、7章由刘伊雯撰写，第8、9章由刘玉撰写，第10、12章由张思为撰写，第13、14章由侯松煜撰写，第15、16章由杨丽萍撰写。另外本书撰写过程中，得到了龙源电力集团综合管理部赵涛、杨超、姜咏松等同事的大力支持和帮助，同时云南龙源公司、陕西龙源公司提供了大量的档案图片资料，在此一并向各位同仁表示衷心的感谢！

本书主要著作人员：王淼　乔俊　丁伟　刘伊雯　刘玉　张思为　杨丽萍　侯松煜

前　言

近年来风电产业蓬勃发展，技术更新速度快，如：风机混凝土塔架技术广泛应用、升压站预制舱设备普及应用、储能电池技术规模化发展等，而相关的技术标准与行业发展速度不同步，导致风电项目档案的项目划分、质量验评等工作各单位认识各有不同，差异较大。这给档案资料编写、收集、整理及归档等工作造成较大困扰，导致各项目档案资料五花八门。各位著者经过多年的风电项目档案管理经验总结，综合各地建设单位反馈意见，对风电项目档案管理工作进行了分析讨论并归纳总结了一套档案管理工作的技术导则，以供学习参考。希望本书的出版可为我国风电工程档案管理水平的提高起到有益推动作用。由于著者能力有限，且时间比较匆忙，如在使用中有任何疑问或者良好建议，欢迎批评指正。在此表示由衷的感谢！

全体著作人员

二〇二三年八月十八日

目 录

1 编制说明 ··· 1

2 分类依据 ··· 1

3 工程档案总体要求 ·· 2

4 前期文件内容及要求（分类号 800～802）·· 5

5 施工图内容及要求（分类号 811～813）·· 10

6 建设用地内容及要求（分类号 821）··· 22

7 招标投标内容及要求（分类号 822）··· 24

8 合同文件内容及要求（分类号 823）··· 31

9 开工准备文件（分类号 824）·· 35

10 资金管理、质量监督、物资管理、项目管理内容及要求（分类号 831、833～835）····· 36

11 工程施工文件内容及要求（分类号 832、840～845）·· 40

   11.1 单位工程综合管理文件（分类号 832、840）·· 41

   11.2 风力发电机组工程（分类号 841）·· 63

   11.3 升压站电气安装单位工程（分类号 842）·· 67

   11.4 ×××kV 送出线路单位工程（分类号 843）··· 74

   11.5 场区配电单位工程（分类号 843）·· 78

   11.6 升压站土建单位工程（分类号 844）··· 80

   11.7 道路子单位工程（分类号 845）··· 82

12 工程监理、设备监造文件内容及要求（分类号 861、863）····································· 85

5

13 风机调试文件内容及要求（分类号 870～872） ··· 90

14 竣工验收、工程总结和决算文件内容及要求（分类号 880～883） ····································· 92

15 竣工图内容及要求（分类号 885） ··· 94

16 设备文件内容及要求（分类号 911～914、921～923、929） ·· 105

1 编 制 说 明

为提高风电项目工程档案管理水平，用以指导建设项目工作档案分类、案卷题目、卷内目录规范编写，从而有效提高建设项目工程档案管理水平。

2 分 类 依 据

风电项目工程档案整理、归档主要依据国家现行标准《建设项目档案管理规范》DA/T 28、《科学技术档案案卷构成一般要求》GB/T 11822、《风力发电工程建设施工监理规范》NB/T 31084、《110kV～750kV架空输电线路施工质量检验及评定规程》DL/T 5168、《电气装置安装工程 66kV及以下架空电力线路施工及验收规范》GB 50173、《电气装置安装工程质量检验及评定规程》DL/T 5161、《风力发电工程达标投产验收规程》NB/T 31022、《电力建设施工质量验收规程 第1部分：土建工程》DL/T 5210.1、《光伏发电工程验收规范》GB/T 50796，分类依据现行行业标准《风力发电企业科技文件归档与整理规范》NB/T 31021执行，并结合工程实际情况进行分类、组卷。

3 工程档案总体要求

序号	题目	总体要求	图例
1	组卷数量	100MW 的风电不少于 300 册，50MW 的风电不少于 250 册	图1
2	档案组成（图1）	电力生产、科研开发、项目前期文件、施工图、招标投标文件、合同文件、施工文件、监理文件、调试文件、竣工图、设备仪器文件（电力生产和科研开发按风电规范收集）	
3	档号、分类的要求	第一个项目的代号 1000，档号由 1000＋分类号＋案卷号组成，单台风机的档号 100N＋分类号＋案卷号 例如：1 号风机基础 1001-841-001，1 号风机吊装 1001-841-002，1 号风机接地 1001-841-003，1 号风机调试 1001-871-001	图2
4	档案说明编制要求	包括：工程概况、项目档案工作概况、项目档案内容与数量、编制依据、分类规则及方案、按项目划分表系统整理情况简易说明	

序号	题目	总体要求	图例
5	档案表格页边距的要求	编制统一用 70~80g 纸，文字资料的表格样式应统一，页边距要求：左：2.5cm、右：1.5cm、上：2.0cm、下：2.0cm	(a) 三孔一线装订 (b) 三孔一线装订效果 图3
6	档案盒的要求	建设项目文件全部装入档案盒，用牛皮纸打印脊背内容，粘贴档案盒脊背上	
7	归档文件质量要求	归档文件应为原件。如因某种原因不能原件归档，在复印件上加盖原件单位的公章，注明原件存放处（常见供应商资质、原材料出厂质量证明文件复印件）。在复印件上加盖原件单位的公章，注明原件存放处	
8	编写页码的要求	文件一律用铅笔编写页号，对有书写内容的页面编写页号，右下角或双面页反面的左下角空白处书写阿拉伯数字，一页一号，按册（卷）装订的，每一册都从 1 开始编写连续页号，按件装订的，每份文件从 1 编写页号，件与件之间不连号，卷内目录和备考表不编页号	(a) 直角装订 (b) 直角装订效果 图4

3

序号	题目	总体要求	图例
9	施工、调试、监理工程的文件装订要求（图2~图5）	按专业、系统划分，再按单位（子单位）、分部工程装订成册，采用三点一线装订，外封面用牛皮纸（硬封面）	角装：4页及以下装订方式 约15mm 两孔装订样式。孔距约15mm，倾斜45°，装订线中心点距纸张左上角约15mm，线头留在文件背面。 图5
		排列的顺序：外封面（档案系统直接打印）、卷内目录、审查签字页、施工文件、备考表、硬底面排列	
		装订厚度一般要求200~300页	
		封面、卷内目录、备考表由档案管理软件自动生成	
		卷内目录打印页号，备考表打印一册（卷）的总页数	
10	施工、调试、监理工程案卷题名和卷内题目的要求	案卷题名：项目名称＋单位工程名称＋卷内主要文件内容（题名不能重复）	
		卷内题目：单位工程名称＋分部、分项、检验批的名称（题名不能重复）	
		注意：卷内文件按一式一份录入，为电子文件挂接、检索提供方便	
11	项目部公章的要求	项目部（施工、监理单位）名称以项目部公章为准。按填写、使用说明要求盖公司章外，所有需要盖公章的，一律盖项目部的章	

4 前期文件内容及要求（分类号800～802）

在每件文件的首页右上端空白处加盖并填写档号章，卷内文件按一式一份录入（注意：检查文件盖章、日期是否齐全）。
项目前期文件组卷的顺序：批复在前、请示在后。

档案号	案卷题名	卷内题目	图例
1000-800-001（图6～图12）	××省发展改革委员会关于××市××区××风电场项目核准的批复、请示、申请报告	1 ××省发展改革委员会关于××市××区××风电场项目核准的批复 2 ××市发展改革委员会××风电场项目核准的请示 3 ××区发展改革委员会××风电场项目核准的请示 4 关于申请核准××风电场项目的请示 5 ××风电场项目核准申请报告	档　　号：15000-800-001 市古城区七河风电场项目核准的批复、请示、申请报告 立卷单位　云南龙源风力发电有限公司 起止日期　2014.12.01-2014.12.26 保管期限　　　　永久 密　级 图6
1000-800-002	××风电场项目上网电价的批复、贷款承诺书、节能登记	1 ××风电场项目上网电价的批复 2 ××风电场项目贷款承诺书 3 ××风电场项目固定资产投资项目节能登记表	
1000-800-003	××省能源局关于同意×××风电场项目开展前期工作的通知、请示	1 ××省能源局关于同意××风电场项目开展前期工作的通知 2 ××市发改委关于上报请求同意××风电场项目开展前期工作的请示 3 ××风电场项目项目合作协议	

档案号	案卷题名	卷内题目	图例
1000-800-004	××省能源局关于同意××风电项目选址意见书批复、申请、选址意见书	1 ××省能源局关于同意××风电项目选址意见书批复 2 ××风电项目选址请示 3 ××风电项目选址意见书	图7
1000-800-005	××省国土资源厅关于××风电项目用地矿产资源调查结果的备案证明、评估报告、分布图	1 ××省国土资源厅关于××风电项目用地矿产资源调查结果的备案证明 2 ××省××风电场项目用地压覆矿产资源评估报告 3 ××省××风电场项目用地矿产资源分布图	
1000-800-006	××省发展改革委员会关于××风电项目送出线路工程核准的批复、请示	1 ××省发展改革委员会关于××风电项目送出线路工程核准的批复 2 ××风电项目送出线路工程核准请示	图8
1000-801-001	××省政府项目评审中心关于《××风电场可行性研究报告》评审意见、报告	1 ××省人民政府投资项目评审中心关于《××省××风电场可行性研究报告》的评审意见 2 ××省××风电场工程可行性研究报告	

档案号	案卷题名	卷内题目	图例
1000-801-002	××省电网公司关于××市××风电场接入系统设计方案的意见、专题研究	1 ××电网有限责任公司关于××市××风电场接入系统设计方案的意见 2 ××省××市××风电项目××风电场接入系统报告 3 ××市××风电项目××风电场接入专题研究	图9
1000-801-003	××省政府关于送出线路工程线路路径走向征求意见的函、可行性研究报告	1 ××省政府关于送出线路工程线路路径走向征求意见的函 2 ××风电可行性研究报告	
1000-801-004	××设计院关于××风电项目电能消纳专题研究报告	××设计院关于××风电项目电能消纳专题研究报告	图10
1000-802-001	××省气象局关于报送××市××风电场风能资源评估报告评审意见的函、评估报告	1 ××省气象局关于报送××市××风电场风能资源评估报告评审意见的函 2 ××省××市××风电场风能资源评估报告	

7

档案号	案卷题名	卷内题目	图例
1000-802-002	××省环境保护厅关于××风电场工程环境影响报告书的批复、请示、环境影响报告书	1 ××省环境保护厅关于××风电场工程环境影响报告书的批复 2 ××市环境保护局关于××省××市××风电场项目环境影响报告书的审查意见 3 关于××省××市××风电场项目环境影响报告书的技术评估意见 4 关于申请××省××市××风电场项目环保行政许可的请示 5 ××省××市××风电场项目环境影响报告书	档　号　序号 15000-800-00　5 省　　市　　电场 **项目申请报告** 项目申请单位：龙源丽江新能源有限公司 编制单位：龙源（北京）风电工程设计咨询有限公司 编制日期：二零一四年十二月 图11
1000-802-003	××风电项目××省水利厅关于准予××风电场项目水土保持方案的行政许可决定书、可行性研究报告书	1 ××省水利厅关于准予××风电场项目水土保持方案的行政许可决定书 2 ××省水利厅××风电项目行政许可申请受理通知书 3 ××风电项目水土保持方案可行性研究报告书 4 ××风电项目水土流失防治责任范围的确认函 5 ××风电项目开展水土保持方案评估的情况说明 6 ××风电场送出线路工程水土流失防治责任范围的确认函	
1000-802-004	××省国土资源厅关于××风电项目地质灾害危险性评估报告备案、环境图、评估报告	1 ××省国土资源厅关于××风电项目地质灾害危险性评估报告备案登记表 2 ××风电项目工程建设地质环境条件图 3 ××风电项目工程建设地质灾害危险性综合分区评估图 4 ××风电项目工程建设地质灾害危险性评估报告	

档案号	案卷题名	卷内题目	图例
1000-802-005	××评估中心关于××风电项目地震安全性评价备案文件、审查意见、评价报告	1 ××评估中心关于××风电项目地震安全性评价备案文件 2 ××单位关于××风电项目地震安全性评价审查意见 3 ××风电项目地震安全性评价评价报告	
1000-802-006	××省安全生产监督管理局关于××风电场安全预评价报告备案的通知、专家组审查意见、备案申请、安全评价报告	1 ××省安全生产监督管理局关于××风电场安全预评价报告备案的通知 2《××风电场安全预评价报告》专家组审查意见 3 ××风电项目关于《××风电场安全预评价报告》的备案申请 4 ××风电项目安全预评价报告	卷内备考表 档号: 15000-800-001 互见号: 15000-80G-010 说明: 本卷共 5 件，共 177 页，其中图纸共 张。 立卷人: 2021 年 6 月 10 日 检查人: 2021 年 6 月 11 日
1000-802-007	××评估中心关于××风电项目职业病危害控制效果评价报告书、预评价报告书	1 ××评估中心关于××风电项目职业病危害控制效果评价报告书 2 ××风电项目职业病危害控制效果评价报告书附件 3 ××风电项目职业病危害预评价报告书 4 ××风电项目职业病防护专篇	
1000-802-008	××县人民政府关于××风电项目社会稳定风险防范的意见、评估报告、分析报告	1 ××县人民政府关于××风电项目社会稳定风险防范的意见 2 ××县人民政府关于××风电项目社会稳定风险防范的报告 3 ××风电项目社会稳定风险评估报告 4 ××风电项目社会稳定风险分析报告	图12
1000-802-009	××省政府关于××风电项目节能的批复、评估报告	1 ××省政府关于××风电项目节能的批复 2 ××风电项目节能评估报告	

5 施工图内容及要求（分类号811～813）

图纸不装订，要求折叠成4号图样（210mm×297mm），标题栏应露在外面，并在标题栏上方空白处加盖并填写档号章，图纸按照专业—卷册号组卷，案卷题名＋（卷册号），卷内目录按图号顺序逐张录入（注意检查图号是否连续）

档案号	案卷题名	卷内题目	图例
1000-811-001	××市××风电项目岩土工程勘察报告、基础设计可行性报告	1 ××风电项目岩土工程勘察报告 2 ××风电项目水文、气象、地震等其他设计基础报告	图13
1000-812-001	××风电项目初步设计审查文件、设计方案、设计审定文件	1 ××风电项目初步设计审查文件 2 ××风电项目设计方案、设计审定文件	
1000-813-001 （图13～图15）	××风电场工程微观选址报告、设计交底及图纸会审纪要	1 ××风电场微观选址报告 2 ××风电项目设计交底及图纸会审纪要	图14
1000-813-002 （图16、图17）	××风电项目设计变更	1 ××风电项目设计变更通知汇总 2 ××风电项目设计变更联系单 3 ××风电项目设计变更通知	

档案号	案卷题名	卷内题目	图例
1000-813-003	××风电项目施工图总目录及说明	××风电项目施工图总目录及说明	图15
1000-813-004	××风电项目工程风机基础土建部分风机基础施工图（W×××-FS-T0101）	1 ××风电项目工程风机基础土建部分施工图目录 2 ××风电项目风机基础设计总说明 3 ××风电项目风机基础结构图及单个基础工程数量表 4 ××风电项目基础竖向配筋图及钢筋表 5 ××风电项目基础底板及上部配筋图 6 ××风电项目基础剖面及钢筋大样图 7 ××风电项目基础结构图及单个基础工程数量表 8 ××风电项目基础竖向配筋图及钢筋表 9 ××风电项目基础底部及上部配筋图 10 ××风电项目基础剖面及钢筋大样图 11 ××风电项目风电场永久基准点 12 ××风电项目风电场总平面布置图 13 ××风电项目风机接地引出图	
1000-813-005	××风电项目吊装平台工程设计施工图	参照 1000-813-004	
1000-813-006	××风电项目××kV升压站工程土建部分总图（W××××-BS-T0001-0003）	参照 1000-813-004	图16

11

档案号	案卷题名	卷内题目	图例
1000-813-007	××风电项目××kV升压站工程土建部分中控楼-建筑施工图（W××××-BS-T0101）	参照1000-813-004	
1000-813-008	××风电项目××kV升压站工程土建部分中控楼-结构施工图（W××××-BS-T0102）	参照1000-813-004	省能源局文件 云能源水电〔2012〕78号 省能源局关于同意　　风电场项目设计变更的通知 市发展和改革委员会： 你们《关于　　风电场项目设计变更的请示》（曲发改能源〔2012〕　号）收悉。经研究，现将有关事项通知如下： 一、　风电场属于《云南省风电场规划报告》（2009年修编）中规划项目。2010年12月，《云南省发展和改革委员会关于　　风电场项目核准的批复》（云发改能源〔2010〕　号）核准了该项目。在项目实施过程中，由于场址与周边环境发生冲突，对原方案进行了设计变更。我局组织专家组对设计变更方案进行了认真审查，方案可行，现同意该项目设计变更。 二、风电场装机规模仍为4.95万kW·h，项目业主为 — 1 — 图17
1000-813-009	××风电项目××kV升压站工程土建部分中控楼-给水排水施工图（W××××-BS-T0103）	参照1000-813-004	
1000-813-010	××风电项目××kV升压站工程土建部分中控楼-暖通施工图（W××××-BS-T0104）	参照1000-813-004	
1000-813-011	××风电项目××kV升压站工程土建部分××kV配电室-建筑、结构、给水排水、暖通施工图（W××××-BS-T0201、T0202、T0203）	参照1000-813-004	

档案号	案卷题名	卷内题目	图例
1000-813-012 (图18~图22)	××风电项目××kV升压站工程土建部分GIS-建筑、结构、给水排水、暖通施工图（W××××-BS-T0301、T0302、T0303、T0304）	参照1000-813-004	档　　号：<u>15000-813-012</u> 风电项目 110kV升压站工程土建部分GIS-建筑、结构、给水排水、暖通施工图（W0404-BS-T0301、T0302、T0303、T0304）
1000-813-013	××风电项目××kV升压站工程土建部分SVG室-建筑、结构、给水排水、暖通施工图（W××××-BS-T0401、T0402、T0403）	参照1000-813-004	
1000-813-014	××风电项目××kV升压站工程土建部分水泵房-建筑、结构、给水排水、暖通施工图（W××××-BS-T0501、T0502、T0503、T0504）	参照1000-813-004	立卷单位　<u>云南龙源风力发电有限公司</u> 起止日期　<u>2019.06.03-2019.06.03</u> 保管期限　<u>　　　30年　　　</u> 密　　级　<u>　　　　　　　</u>
1000-813-015	××风电项目××kV升压站工程土建部分备品库-建筑、结构、给水排水、暖通施工图（W××××-BS-T0601、T0602、T0603、T0604）	参照1000-813-004	图18

13

档案号	案卷题名	卷内题目	图例
1000-813-016	××风电项目××kV升压站工程土建部分柴油发电机房-建筑、结构、给水排水、暖通施工图（W××××-BS-T0701、T0702、T0703）	参照1000-813-004	
1000-813-017	××风电项目××kV升压站工程电气一次部分总的部分（W××××-BS-D10101）	参照1000-813-004	
1000-813-018	××风电项目××kV升压站工程电气一次部分××kV高压配电装置施工图（W××××-BS-D10201）	参照1000-813-004	
1000-813-019	××风电项目××kV升压站工程电气一次部分主变压器及中性点设备安装图（W××××-BS-D10301）	参照1000-813-004	图19
1000-813-020	××风电项目××kV升压站工程电气一次部分施工图升压站防雷及接地部分施工图（W××××-BS-D10401）	参照1000-813-004	

档案号	案卷题名	卷内题目	图例
1000-813-021	××风电项目××kV升压站工程电气一次部分中控楼防雷接地施工图（W××××-BS-D10402）	参照1000-813-004	
1000-813-022	××风电项目××kV升压站工程电气部分水泵房、××kV GIS设备室及备品库、SVG室、柴油发电机房、××kV配电室接地布置图（W××××-BS-D10403）	参照1000-813-004	图20
1000-813-023	××风电项目××kV升压站工程电气一次部分主建筑照明及动力部分施工图（W××××-BS-D10501）	参照1000-813-004	
1000-813-024	××风电项目××kV升压站工程电气部分水泵房、备品库、GIS室、××kV配电室、SVG室、柴油发电机房照明及动力布置图（W××××-BS-D10502）	参照1000-813-004	

15

档案号	案卷题名	卷内题目	图例
1000-813-025	××风电项目××kV升压站工程电气一次部分室外照明及电缆敷设施工图（W××××-BS-D10503）	参照 1000-813-004	
1000-813-026	××风电项目××kV升压站工程电气一次部分高低压配电装置施工图（W××××-BS-D10601）	参照 1000-813-004	
1000-813-027	××风电项目××kV升压站工程电气一次部分施工图设计阶段动力电缆清册（W××××-BS-D10701）	参照 1000-813-004	
1000-813-028	××风电项目××kV升压站工程电气一次部分电缆防火封堵施工图（W××××-BS-D10801）	参照 1000-813-004	图 21
1000-813-029	××风电项目××kV升压站工程电气二次专业施工设计说明施工图（W××××-BS-D20101）	参照 1000-813-004	

档案号	案卷题名	卷内题目	图例
1000-813-030	××风电项目××kV升压站工程电气二次部计算机监控系统施工图（W××××-BS-D20102）	参照1000-813-004	
1000-813-031	××风电项目××kV升压站工程电气二次部分升压站交、直流电源设备施工图（W××××-BS-D20103）	参照1000-813-004	
1000-813-032	××风电项目××kV升压站工程电气二次部分主变压器电气二次系统施工图（W××××-BS-D20104）	参照1000-813-004	
1000-813-033	××风电项目××kV升压站工程电气二次部分××kV线路及母线保护系统施工图（W××××-BS-D20105）	参照1000-813-004	图22
1000-813-034	××风电项目××kV升压站工程电气二次部分升压站高压侧配电装置系统施工图（W××××-BS-D20106）	参照1000-813-004	

档案号	案卷题名	卷内题目	图例
1000-813-035	××风电项目××kV升压站工程电气二次部分升压站公共监控及计量系统施工图（W××××-BS-D20107）	参照 1000-813-004	
1000-813-036	××风电项目××kV升压站工程电气二次部分××kV母线及线路电气二次系统施工图（W××××-BS-D20108）	参照 1000-813-004	图23
1000-813-037	××风电项目××kV升压站工程电气二次部分升压站××kV母线保护系统施工图（W××××-BS-D20109）	参照 1000-813-004	
1000-813-038	××风电项目××kV升压站工程电气二次部分升压站无功补偿SVG监控及保护系统施工图（W××××-BS-D20110）	参照 1000-813-004	
1000-813-039	××风电项目××kV升压站工程电气二次部分升压站××V站用电二次系统施工图（W××××-BS-D20111）	参照 1000-813-004	

档案号	案卷题名	卷内题目	图例
1000-813-040	××风电项目××kV升压站工程电气二次部分升压站保护及故障信息子站系统施工图（W××××-BS-D20112）	参照1000-813-004	
1000-813-041	××风电项目××kV升压站工程电气二次部分升压站功率控制系统施工图（W××××-BS-D20113）	参照1000-813-004	风电场 工程 施工图设计 **直埋电缆及直埋光缆部分说明书** 龙源（北京）风电工程设计咨询有限公司 风力发电乙级 证书编号 A211018688 2019年04月 W0404-FS-X0101-01 图24
1000-813-042	××风电项目××kV升压站工程电气二次部分升压站火灾自动报警系统施工图（W×××-BS-D20301）	参照1000-813-004	
1000-813-043	××风电项目××kV升压站工程电气二次部分升压站弱点、视频监控系统施工图（W××××-BS-D20302）	参照1000-813-004	
1000-813-044	××风电项目××kV升压站工程电气二次部分升压站电气二次埋件施工图（W××××-BS-D20303）	参照1000-813-004	

档案号	案卷题名	卷内题目	图例
1000-813-045 (图 23~图 26)	××风电项目工程直埋电缆及光缆部分施工图(W××××-FS-X0101)	参照 1000-813-004	
1000-813-046	××风电项目××kV升压站工程电缆分支箱基础施工图(W××××-FS-X0201)	参照 1000-813-004	
1000-813-047	××风电项目送出线路工程施工说明书及附图、设备材料汇总表、平断面定位图、杆位明细表、机电、基础、地脚螺栓施工图、通信部分	参照 1000-813-004	图 25
1000-813-048	××风电项目送出线路工程（施工设计阶段）设备材料清册	参照 1000-813-004	
1000-813-049	××风电项目送出线路工程杆塔施工图(××××-××Z1)	参照 1000-813-004	

档案号	案卷题名	卷内题目	图例
1000-813-050	××送出线路工程风电项目送出线路工程直线塔施工图（××××-J1）	参照 1000-813-004	
1000-813-051	××风电项目送出线路工程转角塔施工图（××××-J2）	参照 1000-813-004	图 26
1000-813-052	××风电项目光缆施工图设计说明书	参照 1000-813-004	
1000-813-053	××风电项目道路施工图设计	参照 1000-813-004	

6 建设用地内容及要求（分类号821）

在每件文件的首页右上端空白处加盖并填写档号章，卷内文件按一式一份录入（注意：检查文件盖章、日期是否齐全）。

档案号	案卷题名	卷内题目	图例
1000-821-001 （图27、图28）	××省国土资源厅关于××风电场建设项目的用地预审意见、请示	1 ××省国土资源厅关于××风电场建设项目的用地预审意见 2 ××市国土资源局关于××风电场建设项目用地预审的初审意见 3 ××市国土资源局××分局关于××风电场建设项目用地预审的初审意见 4 ××新能源公司关于××风电场项目用地预审的请示	图27
1000-821-002 （图29）	××风电项目建设用地规划许可证、不动产使用证	1 ××风电项目建设用地规划许可证 2 ××风电项目不动产使用证	
1000-821-003	××风电项目征地补偿预付款、林木采伐施工、征地补偿协议服务合同及会议纪要	1 ××风电项目征地补偿预付款协议 2 ××风电项目××村林木采伐施工合同 3 ××风电项目××县××乡征地补偿协议 4 ××风电项目××村施工弃土场租地合同 5 ××风电项目征地补偿预付款协议补充协议 6 ××风电项目进场道路补偿协议 7 ××风电项目公路路产占用补偿协议	

档案号	案卷题名	卷内题目	图例
1000-813-050	××送出线路工程风电项目送出线路工程直线塔施工图（××××-J1）	参照 1000-813-004	图26
1000-813-051	××风电项目送出线路工程转角塔施工图（××××-J2）	参照 1000-813-004	
1000-813-052	××风电项目光缆施工图设计说明书	参照 1000-813-004	
1000-813-053	××风电项目道路施工图设计	参照 1000-813-004	

6 建设用地内容及要求（分类号821）

在每件文件的首页右上端空白处加盖并填写档号章，卷内文件按一式一份录入（注意：检查文件盖章、日期是否齐全）。

档案号	案卷题名	卷内题目	图例
1000-821-001 （图27、图28）	××省国土资源厅关于××风电场建设项目的用地预审意见、请示	1 ××省国土资源厅关于××风电场建设项目的用地预审意见 2 ××市国土资源局关于××风电场建设项目用地预审的初审意见 3 ××市国土资源局××分局关于××风电场建设项目用地预审的初审意见 4 ××新能源公司关于××风电场项目用地预审的请示	图27
1000-821-002 （图29）	××风电项目建设用地规划许可证、不动产使用证	1 ××风电项目建设用地规划许可证 2 ××风电项目不动产使用证	
1000-821-003	××风电项目征地补偿预付款、林木采伐施工、征地补偿协议服务合同及会议纪要	1 ××风电项目征地补偿预付款协议 2 ××风电项目××村林木采伐施工合同 3 ××风电项目××县××乡征地补偿协议 4 ××风电项目××村施工弃土场租地合同 5 ××风电项目征地补偿预付款协议补充协议 6 ××风电项目进场道路补偿协议 7 ××风电项目公路路产占用补偿协议	

档案号	案卷题名	卷内题目	图例
1000-821-004	××市××风电项目使用林地审核同意书、采伐许可证、采伐许可申请	1 ××市××风电项目使用林地审核同意书 2 ××市××风电项目林木采伐许可证 3 关于办理××风电项目林木采伐许可的申请 4 关于办理××风电场110kV送出线路工程项目林木采伐许可的申请	图28 图29

23

7 招标投标内容及要求（分类号822）

在招标投标文件、评标报告、定标通知、中标通知书的首页右上端空白处加盖并填写档号章，卷内文件按一式一份录入，（注意：招标投标、评标报告是否盖章）。

按设计、监理、施工、设备采购、服务咨询的顺序排列。

根据招标投标纸张厚度调整组卷（也可以招标和评标报告装一个档案盒，投标装一个档案盒）。

档案号	案卷题名	卷内题目	图例
1000-822-001 (图30～图41)	××（××××MW）风电项目工程设计招标文件、投标文件、评标报告、定标通知、中标通知书（FD-××-××）	1 ××风电项目工程设计招标文件 2 ××风电项目工程设计投标文件 3 ××风电项目工程设计评标报告 4 ××风电项目工程设计××招标管理委员会×年第×次会议定标通知 5 ××风电项目工程设计中标通知书	图30
1000-822-002	××（××××MW）风电项目工程监理招标文件、投标文件、评标报告、定标通知、中标通知书（FD-××-××）	1 ××风电项目工程监理招标文件 2 ××风电项目工程监理投标文件 3 ××风电项目工程监理评标报告 4 ××风电项目工程监理××招标管理委员会×年第×次会议定标通知 5 ××风电项目工程监理中标通知书	

档案号	案卷题名	卷内题目	图例
1000-822-003	××（××××MW）风电项目风机及箱变基础施工工程招标文件、投标文件、评标报告、定标结果通知、中标通知书（GDCX02-SGZB19-××××）	1 ××风电项目风机及箱变基础施工工程招标文件 2 ××风电项目风机及箱变基础施工工程投标文件 3 ××风电项目风机及箱变基础施工工程评标报告 4 ××风电项目风机及箱变基础施工工程××采购管理委员会×年第×次会议定标结果通知 5 ××风电项目风机及箱变基础施工工程中标通知书	图 31
1000-822-004	××（××××MW）风电项目送出线路工程项目招标文件、投标文件、定标结果通知、中标通知书（GDCX02-××××-××××）	1 ××风电项目送出线路施工工程招标文件 2 ××风电项目送出线路施工工程投标文件 3 ××风电项目送出线路施工工程评标报告 4 ××风电项目送出线路施工工程××年第×次××会议定标结果通知 5 ××风电项目送出线路施工工程中标通知书	图 32
1000-822-005	××（××××MW）风电项目场区配电施工工程招标文件、投标文件、评标报告、定标结果通知、中标通知书（GDCX02-××××-××××）	1 ××风电项目场区配电施工工程招标文件 2 ××风电项目场区配电施工工程投标文件 3 ××风电项目场区配电施工工程评标报告 4 ××风电项目场区配电施工工程××采购管理委员会×年第×次会议定标结果通知 5 ××风电项目场区配电施工工程中标通知书	

档案号	案卷题名	卷内题目	图例
1000-822-006	××（××××MW）风电项目升压站土建及电气安装工程招标文件、投标文件、评标报告、定标结果通知、中标通知书（GDCX02-××××-××××）	1 ××风电项目升压站土建及电气安装施工工程招标文件 2 ××风电项目升压站土建及电气安装施工工程投标文件 3 ××风电项目升压站土建及电气安装施工工程评标报告 4 ××风电项目升压站土建及电气安装施工工程××采购管理委员会×年第×次会议定标结果通知 5 ××风电项目升压站土建及电气安装施工工程中标通知书	图33
1000-822-007	××（××××MW）风电项目风机安装工程施工招标文件、投标文件、评标报告、定标结果通知、中标通知书（GDCX02-××××-××××）	1 ××风电项目风机安装工程招标文件 2 ××风电项目风机安装工程投标文件 3 ××风电项目风机安装工程评标报告 4 ××风电项目风机安装工程××采购管理委员会×年第×次会议定标结果通知 5 ××风电项目风机安装工程中标通知书	
1000-822-008	××（××××MW）风电项目风机及箱变防雷接地施工招标文件、投标文件、评标报告、定标结果通知、中标通知书（GDCX02-××××-××××）	1 ××风电项目风机及箱变防雷接地施工工程招标文件 2 ××风电项目风机及箱变防雷接地施工工程投标文件 3 ××风电项目风机及箱变防雷接地施工工程评标报告 4 ××风电项目风机及箱变防雷接地施工工程××采购管理委员会×年第×次会议定标结果通知 5 ××风电项目风机及箱变防雷接地施工工程中标通知书	图34

档案号	案卷题名	卷内题目	图例
1000-822-009	××（××××MW）风电项目道路施工招标文件、投标文件、评标报告、定标结果通知、中标通知书（GDCX02-××××-××××）	1 ××风电项目道路施工工程招标文件 2 ××风电项目道路施工工程投标文件 3 ××风电项目道路施工工程评标报告 4 ××风电项目道路施工工程招标××采购管理委员会×年第×次会议定标结果通知 5 ××风电项目道路施工工程中标通知书	第三卷 投标文件 云南丽江七河（49.5MW）风电项目风力发电机组设备采购项目 招标编号： **投标文件** 投标人： 招标代理机构： 2018年09月 图35
1000-822-010	××（××××MW）风电项目风力发电机组采购招标文件、投标文件、评标报告、定标结果通知、中标通知书（GDCX02-××××-×××）	1 ××风电项目风力发电机组采购招标文件 2 ××风电项目风力发电机组采购投标文件 3 ××风电项目风力发电机组采购评标报告 4 ××风电项目风力发电机组采购××采购管理委员会×年第×次会议定标结果通知 5 ××风电项目风力发电机组采购中标通知书	新能源有限公司 风力发电机组 **商务评标报告** 招标编号： 评标委员会商务组 2018年09月13日 图36
1000-822-011	××（××××MW）风电项目风机塔筒及其附件采购招标文件、投标文件、评标报告、定标结果通知、中标通知书（GDCX02-××××-×××）	1 ××风电项目风机塔筒及其附件采购招标文件 2 ××风电项目风机塔筒及其附件采购投标文件 3 ××风电项目风机塔筒及其附件采购评标报告 4 ××风电项目风机塔筒及其附件采购××采购管理委员会×年第×次会议定标结果通知 5 ××风电项目风机塔筒及其附件采购中标通知书	

档案号	案卷题名	卷内题目	图例
1000-822-012	××（××××MW）风电项目无功补偿成套装置（SVG）采购招标文件、投标文件、评标报告、定标结果通知、中标通知书（GDCX02-×××-××××）	1 ××风电项目无功补偿成套装置（SVG）采购招标文件 2 ××风电项目无功补偿成套装置（SVG）采购商务投标文件 3 ××风电项目无功补偿成套装置（SVG）采购技术投标文件 4 ××风电项目无功补偿成套装置（SVG）采购评标报告 5 ××风电项目无功补偿成套装置（SVG）采购××采购管理委员会×年第×次会议定标结果通知 6 ××风电项目无功补偿成套装置（SVG）采购中标通知书	龙源丽江新能源有限公司 风力发电机组 **技术评标报告** 招标编号： 2018年09月13日 **图37**
1000-822-013	××（××××MW）风电项目二次设备采购招标文件、投标文件、评标报告、定标结果通知、中标通知书（GD-CX02-××××-××××）	1 ××风电项目二次设备采购招标文件 2 ××风电项目二次设备采购商务投标文件 3 ××风电项目二次设备采购技术投标文件 4 ××风电项目二次设备采购综合投标文件 5 ××风电项目二次设备采购评标报告 6 ××风电项目二次设备采购××采购管理委员会×年第×次会议定标结果通知 7 ××风电项目二次设备采购中标通知书	龙源丽江新能源有限公司 风力发电机组 **综合评标报告** 招标编号： 评标委员会 2018年09月13日 **图38**

档案号	案卷题名	卷内题目	图例
1000-822-014	××（××××MW）风电项目GIS采购项目招标文件、投标文件、评标报告、定标结果通知、中标通知书（GD-CX02-××××-××××）	1 ××风电项目GIS采购招标文件 2 ××风电项目GIS采购投标文件 3 ××风电项目GIS采购评标报告 4 ××风电项目GIS采购××采购管理委员会×年第×次会议定标结果通知 5 ××风电项目GIS采购中标通知书	图39
1000-822-015	××（××××MW）风电项××kV组合式变压器采购项目招标文件、投标文件、评标报告、定标结果通知、中标通知书（GDCX02-××××-××××）	1 ××风电项目××kV组合式变压器采购招标文件 2 ××风电项目××kV组合式变压器采购投标文件 3 ××风电项目××kV组合式变压器采购评标报告 4 ××风电项目××kV组合式变压器采购××采购管理委员会×年第×次会议定标结果通知 5 ××风电项目××kV组合式变压器采购中标通知书	
1000-822-016	××（××××MW）风电项目标、××kV升压站开关柜采购招标文件、投标文件、定标结果通知、中标通知书（GDCX02-××××-××××）	1 ××风电项目××kV升压站开关柜采购招标文件 2 ××风电项目××kV升压站开关柜采购投标文件 3 ××风电项目××kV升压站开关柜采购评标报告 4 ××风电项目××kV升压站开关柜采购××采购管理委员会×年第×次会议定标结果通知 5 ××风电项目××kV升压站开关柜采购中标通知书	图40

29

档案号	案卷题名	卷内题目	图例
1000-822-017	××（××××MW）风电项目电力电缆采购招标文件、投标文件、评标报告、定标结果通知、中标通知书（GD-CX02-××××-××××）	1 ××风电项目电力电缆采购招标文件 2 ××风电项目电力电缆采购投标文件 3 ××风电项目电力电缆采购评标报告 4 ××风电项目电力电缆采购××采购管理委员会×年第×次会议定标结果通知 5 ××风电项目电力电缆采购中标通知书	卷内备考表 档号：15000-822-002 互见号：15000-822G-012 说明： 本卷共 23 件，共 1087 页，其中图纸共　张。 立卷人： 201年 6 月 15 日 检查人： 201年 6 月 15 日
1000-822-018	××（××××MW）风电项目光缆采购招标文件、投标文件、评标报告、定标结果通知、中标通知书（GDCX02-××××-××××）	1 ××风电项目光缆采购招标文件 2 ××风电项目光缆采购投标文件 3 ××风电项目光缆采购评标报告 4 ××风电项目光缆采购××采购管理委员会×年第×次会议定标结果通知 5 ××风电项目光缆采购中标通知书	图 41

8 合同文件内容及要求（分类号823）

在每件合同的首页右上端空白处加盖并填写档号章，卷内文件按一式一份合同录入。
组卷顺序：合同会签单、合同正本、合同谈判纪要，律师函。有询价文件和技术协议随合同一起归档。
施工类放一起、设备类放一起、服务类放一起、租赁类放一起（注意：合同章、日期、签字是否齐全）。

档案号	案卷题名	卷内题目	图例
1000-823-001（图42）	××风电项目监理、设计合同	1 ××风电项目监理合同及会签单 2 ××风电项目监理合同补充协议 3 ××风电项目设计合同及会签单	图42
1000-823-002（图43）	××风电项目风机及箱变基础施工、风机安装、风机基础接地、场区配电施工合同	1 ××风电项目风机及箱变基础施工工程（Ⅰ标段）合同及会签单 2 ××风电项目风机及箱变基础施工工程（Ⅱ标段）合同及会签单 3 ××风电项目风机安装工程合同及会签单 4 ××风电项目风机安装工程补充协议及会签单 5 ××风电项目风机基础接地施工合同及会签单 6 ××风电项目场区配电施工合同及会签单	
1000-823-003	××风电项目升压站土建及电气安装、送出线路、道路施工、水土保持施工工程合同	1 ××风电项目升压站土建及电气安装施工合同及会签单 2 ××风电场送出线路施工工程合同及会签单 3 ××风电项目道路施工工程合同及会签单 4 ××风电项目水土保持施工合同及会签单	

档案号	案卷题名	卷内题目	图例
1000-823-004 （图44～图48）	××风电项目风力发电机组设备采购合同及补充协议	1 ××风电场风力发电机组设备采购合同及会签单 2 ××风电项目风力发电机组设备采购补充协议及会签单	图43
1000-823-005	××风电项目升压站二次设备、电度表柜及电能质量监测装置和母差部分采购合同、补充协议	1 ××风电场升压站二次设备采购合同及会签单 2 ××风电场升压站二次设备采购增补合同及会签单 3 ××风电项目二次设备（母差部分）采购合同及会签单 4 ××风电项目二次设备（电度表柜及电能质量监测装置）采购合同及会签单	
1000-823-006	××风电项目GIS、无功补偿、××kV开关柜采购合同	1 ××风电项目升压站GIS采购合同及会签单 2 ××风电项目××kV开关柜采购合同及会签单 3 ××风电项目无功补偿采购合同及会签单	图44
1000-823-007	××风电项目主变、箱变、电缆分接箱采购合同、补充协议	1 ××风电项目升压站主变采购合同及会签单 2 ××风电项目箱变采购合同及会签单 3 ××风电项目箱变采购补充合同及会签单 4 ××风电项目电缆分接箱采购合同及会签单 5 ××风电项目电缆分接箱采购合同补充协议及会签单	

档案号	案卷题名	卷内题目	图例
1000-823-008	××风电项目电缆、光缆采购合同、补充协议	1 ××风电项目电力电缆采购合同及会签单 2 ××风电项目电力电缆采购合同补充协议及会签单 3 ××风电项目光缆采购合同及会签单 4 ××风电项目光缆采购合同补充协议及会签单	图45
1000-823-009	××风电项目风资源评估、风场测绘、用地勘测定界、总体规划、微观选址、安全预评价、安全设施设计、宗地图测量服务合同	1 ××风电项目地质灾害危险性评估及压覆矿产资源评估合同及会签单 2 ××风电项目风能资源评估技术服务合同及会签单 3 ××风场测绘合同书及会签单 4 ××风电场建设用地勘测定界协议书及会签单 5 ××风电场工程总体规划报告咨询评审合同及会签单 6 ××风电场工程微观选址合同及会签单 7 ××风电项目安全设施设计专篇编制技术服务合同及会签单 8 ××风电项目宗地图测量合同及会签单	图46

33

档案号	案卷题名	卷内题目	图例
1000-823-010	××风电项目可行性研究、环境影响评价、林地查验、水土保持、接入系统研究咨询合同	1 ××风电场工程预可行性研究报告咨询评审及会签单 2 ××风电场工程可行性研究报告咨询评审及会签单 3 ××风电项目环境影响评价合同及会签单 4 ××风电场环境影响报告表技术评估合同及会签单 5 ××风电场使用林地报告编制合同及会签单 6 ××风电场使用林地查验合同及会签单 7 ××风电项目水土保持设施竣工验收技术评估合同及会签单 8 ××风电场接入系统专题研究合同及会签单 9 ××风电场接入系统评审咨询合同及会签单	图47
1000-823-011	××风电项目机械设备租赁、房屋租赁、车辆租赁服务合同	1 ××风电项目机械设备租赁合同及会签单 2 ××风电项目房屋租赁合同及会签单 3 ××风电项目车辆租赁合同及会签单	图48
1000-823-012	××（××MW）××公司业务咨询服务合同、审核业务约定	1 ××（××MW）××公司业务咨询服务合同 2 ××（××MW）××公司审核业务约定书	

9 开工准备文件（分类号 824）

在每件文件的首页右上端空白处加盖并填写档号章，卷内文件按一式一份合同录入。

档案号	案卷题名	卷内题目	图例
1000-824-001 （图49）	××风电项目开工批复、施工组织设计、建筑工程施工许可证	1 ××风电项目开工批复 2 ××风电项目施工组织设计 3 ××风电项目建筑工程施工许可证	图49

10 资金管理、质量监督、物资管理、项目管理内容及要求（分类号 831、833~835）

在每份文件的首页右上端空白处加盖并填写档号章，卷内文件按一式一份录入。
注意事项：质量问题通知单必须与反馈单一一对应，即质量问题通知单要闭环。

档案号	案卷题名	卷内题目	图例
1000-831-001	××风电项目银行贷款合同、资金计划、概算、结算单报审	1 ××风电项目银行贷款合同、协议 2 ××风电项目基建资金计划 3 ××风电项目执行概算及审批文件 4 ××风电项目工程量结算单及支付报审文件	图50
1000-833-001 （图50~图56）	××风电项目首次及地基处理、整套启动试运、商业运行前质量监督检查报告、整改回复单及汇报材料（按大纲要求）	1 ××风电项目质量监督站大纲（注册证书、申报表、检查计划表） 2 ××风电项目首次及地基处理质量监督检查报告、整改回复单、汇报材料 3 ××风电项目首批风机并网及升压站受电质量监督检查报告、整改回复单、汇报材料 4 ××风电项目工程投运前送出线路工程质量监督检查报告 5 ××风电项目商业运行前质量监督检查报告、整改回复单、汇报材料	

档案号	案卷题名	卷内题目	图例
1000-834-001	××风电项目设备开箱检验记录	1 ××风电项目主变设备开箱检验记录 2 ××风电项目无关补偿设备开箱检验记录 3 ××风电项目站用变设备开箱检验记录 4 ××风电项目箱变设备开箱检验记录 5 ××风电项目电缆开箱检验记录 6 ××风电项目光缆开箱检验记录	图51
1000-834-002	××风电项目设备缺陷谈判文件、设备采购供应台账	1 ××风电项目设备缺陷质量索赔及谈判文件 2 ××风电项目设备采购供应台账	
1000-835-001	××风电项目工程会议纪要、统计报表	1 ××风电项目工程协调会议纪要 2 ××风电项目工程项目管理会议纪要 3 ××风电项目工程专业会议纪要 4 ××风电项目工程简报 5 ××风电项目工程统计报表 6 ××风电项目来往函件 7 ××风电项目达标、创优文件	图52

37

档案号	案卷题名	卷内题目	图例
1000-835-002	××风电项目安全委员会机构设置文件、应急预案	1 ××风电项目安全委员会机构设置文件、安委会例会纪要、安全生产责任书、安全文明施工协议、生产制度 2 ××风电项目应急预案、防汛文件 3 ××风电项目特种设备取证、台账	图53 质量监督检查报告（首批机组投产及升压站受电）工程项目：风电项目 工程规模：49.5MW 监检机构：云南省电力建设工程质量监督中心站电源工程质量监督站
1000-835-003	××风电项目事故报告、调查及处理	××风电项目事故报告、调查及处理	
1000-835-004	××风电项目质量检测、环境保护及水土保持、环境保护方案	1 ××风电项目质量检测、考核及整改文件 2 ××风电项目第三方检测报告 3 ××风电项目环境及水土保持管理体系文件 4 ××风电项目水土保持、环境保护监测实施方案、措施、检查意见及整改闭环文件 5 ××风电项目工程进度计划、调整及审批	图54 送出线路工程质量监督检查报告（工程投运前）工程项目：风电项目 110kV剑白高线工程 电压等级：110kV 监检机构：云南省电力建设工程质量监督中心站电源工程质量监督站
1000-835-005	××风电项目档案管理实施细则、分类大纲	1 ××风电项目档案管理实施细则 2 ××风电项目档案分类大纲	

档案号	案卷题名	卷内题目	图例
1000-835-006	××风电项目建设单位项目部成立文件、印章启用通知、项目经理任命、授权委托书	1 ××风电项目建设单位项目部成立文件 2 ××风电项目建设单位项目部印章启用通知 3 ××风电项目建设单位项目经理任命、授权委托书	图55 图56

11 工程施工文件内容及要求（分类号832、840～845）

装订成册，按单位（子单位）或分部工程组卷，检查盖章、签字是否齐全。

单位工程：(1)风机及箱变基础工程。(2)风机安装工程。(3)风机及箱变基础接地工程。(4)送出线路工程。(5)场区配电工程。(6)升压站电气安装工程。(7)升压站土建工程。(8)道路工程。(9)风机调试工程。

每个单位工程文件都包含：综合管理文件、施工记录及相关试验报告、质量验收文件三部分。

(1) 单位工程综合管理文件由施工安全管理文件（分类号832）和施工技术管理文件组成（分类号840）。

(2) 施工记录按施工工序排列、强制性条文（简称：强条）执行记录可排列在相关的施工记录之后。

(3) 施工质量验收记录文件按质量验收划分表中的单位工程、分部工程、分项工程、检验批质量验收排列。

(4) 质量报验单在前，质量验收记录附后。

施工记录：

(1) 地基基础记录包括：土、岩试验报告、地基处理记录及检测记录（包括打桩记录）。

(2) 定位测量放线记录及沉降观测记录包括：沉降观测单位的沉降观测资质、仪器年度计量检定证书、测工上岗证件、沉降观测方案、沉降观测点布置图、沉降观测记录、降观测曲线图。

(3) 混凝土施工记录：1) 自拌混凝土顺序为：混凝土施工配合比试验报告及委托单、混凝土浇筑通知单、混凝土开盘鉴定、混凝土生产质量控制记录、混凝土搅拌记录、混凝土浇筑记录及混凝土养护记录。2) 商品混凝土顺序为：混凝土施工配合比试验报告及委托单、混凝土浇筑通知单、混凝土浇筑记录及混凝土养护记录。

(4) 钢筋施工记录包括：钢筋冷拉、预应力记录、机械连接及焊接记录等。

(5) 钢结构施工记录包括：包括钢结构焊接施工记录及钢结构高强度螺栓连接施工记录、构件吊装记录等。

(6) 焊接施工记录、照明全负荷通电试运行记录、照明配电箱、插座、开关接线（接地）通电检查记录、绝缘电阻测试记录、接地电阻测试记录、混凝土结构验收记录、建（构）筑物垂直度、标高、全高测量记录、风荷载倾斜测量记录。

(7) 排水管道通球试验记录，管道水压检验记录，阀门强度及严密性试验记录，水池满水试验记录，通风、调试记录，绝缘电阻、接地电阻测试记录，排水系统灌水试验记录，给水、供暖系统试压记录，蓄水构筑物灌水试验记录，有防水要求的地面蓄水试验记录，阀门试验记录，消防试验记录，空调安装试转记录等。

试验报告：

(1) 混凝土抗压强度试验报告一览表、混凝土强度统计及评定，混凝土试块强度报告及委托单（标养和同条件，同条件养护的需要有按试块做的 600℃·d 的养护记录）、混凝土抗渗/抗冻试验报告及委托单、灌浆料强度试验报告及委托单（按时间、部位顺序排列）。

(2) 砂浆配合比设计报告及委托单（按时间、部位顺序排列）。

(3) 砂浆抗压强度试验报告一览表、砂浆强度统计评定、砂浆抗压强度试验报告及委托单（按时间、部位顺序排列）。

(4) 土壤击实及回填土试验报告一览表、土壤击实、回填土试验报告及委托单（按部位、标高顺序排列）。

(5) 钢筋机械连接报告一览表、钢筋机械连接试验报告及委托单、钢筋焊接试验报告汇总表、钢筋焊接试验报告及委托单、钢筋植筋拉拔试验及委托单等（按时间顺序排列）。

(6) 结构实体钢筋保护层厚度检测报告、钢结构超声波检测报告、高强度螺栓抗滑移检测报告及委托单（按时间顺序排列）。

工程质量验评记录：

(1) 单位工程质量报验单、单位工程质量竣工验收记录、单位工程技术资料核查记录、单位工程安全和功能检验资料核查及主要功能抽查记录、单位工程观感质量验收记录、单位工程优良等级验收评定表，分部、子分部、分项、检验批工程质量验收记录（按照项目划分表的顺序排列，报验单与质量验收记录对应）。

(2) 隐蔽工程检查验收记录（注：隐蔽工程验收指：地基处理、地基验槽、混凝土中钢筋、地下混凝土、地下防水、防腐、大面积回填、接地、抹灰工程、吊顶等，按照项目划分表的顺序排列）。

(3) 强条执行检查记录。

注意：1）施工组织设计、方案、措施、总结要有编审页（编写、审核、批准人员签名，要注明编制单位和编制日期）。

2) 施工记录和验收表格，没有填写内容的空白格用划线或加盖"以下空白"章。

3) 所有的报审表要与其附件组到一起，委托单及复试报告；检验材料应与合格证，一一对应、不得分离。

11.1 单位工程综合管理文件（分类号 832、840）

施工管理（分类号 832）主要包含：安全预案、项目划分表、强条及技术规范清单、绿色施工、危险源、环境因素辨识与评价措施。

施工管理（分类号 840）主要包含：(1) 施工组织设计；(2) 开工、竣工报告、方案；(3) 资质（单位、项目经理任命书、项目部启用项目印章的通知、特种作业人员、工器具、机械）；(4) 原材料进场报审、供应商资质。

档案号	案卷题名	卷内题目	图例
1000-832-001	××风电项目风机及箱变基础工程安全预案、质量验收划分表、强条、进度计划、绿色施工、水土保持实施措施报审	1 竣工文件审查签字页 2 ××项目风机及箱变基础工程安全预案（管理制度、安全检查与整改记录）报审及附件 3 ××项目风机及箱变基础工程安全文明施工策划报审及附件 4 ××项目风机及箱变基础工程危险源、环境因素辨识与评价措施报审及附件 5 ××项目风机及箱变基础工程单位工程质量验收项目划分表报审及附件 6 ××项目风机及箱变基础工程强条及技术规范清单报审及附件 7 ××项目风机及箱变基础工程工程进度网络计划、工程节点、进度计划调整文件报审及附件 8 ××项目风机及箱变基础工程停工、复工报审及附件 9 ××项目风机及箱变基础工程绿色施工报审及附件 10 ××项目风机及箱变基础工程水土保持实施措施报审及附件	档　号：15000-832-007 风电项目风机 安装工程质量验收评定划分表、进度/调整计划、安全文明施工、创优、质量/安全管理体系、绿色施工、应急预案、强条实施计划、新冠预防方案及安全技术交底报审表 立卷单位　上海腾东建设有限公司 起止日期　2020.08.10-2020.08.13 保管期限　　　30年 密　　级 图 57

档案号	案卷题名	卷内题目	图例
1000-832-002 (图57～图60)	××风电项目风机安装工程安全预案、质量验收划分表、强条、进度计划、绿色施工、水土保持实施措施报审	1 竣工文件审查签字页 2 ××项目风机安装工程安全预案（管理制度、安全检查与整改记录）报审及附件 3 ××项目风机安装工程安全文明施工策划报审及附件 4 ××项目风机安装工程危险源、环境因素辨识与评价措施报审及附件 5 ××项目风机安装工程单位工程质量验收项目划分表报审及附件 6 ××项目风机安装工程强条及技术规范清单报审及附件 7 ××项目风机安装工程进度网络计划、工程节点、进度计划调整文件报审及附件 8 ××项目风机安装工程停工、复工报审及附件 9 ××项目风机安装工程绿色施工报审及附件 10 ××项目风机安装工程水土保持实施措施报审及附件	风电项目风机安装工程 **竣工文件审查签字页** 施工单位＿＿＿ 2021年 01月14日 监理单位＿＿＿ 2021年 01月14日 建设单位＿＿＿ 2021年 01月14日 图58

档案号	案卷题名	卷内题目	图例
1000-832-003 (图61～图66)	××风电项目风机及箱变基础接地工程 安全预案、质量验收划分表、强条、进度计划、绿色施工、水土保持实施措施报审	1 竣工文件审查签字页 2 ××项目风机及箱变基础接地工程安全预案（管理制度、安全检查与整改记录）报审及附件 3 ××项目风机及箱变基础接地工程安全文明施工策划报审及附件 4 ××项目风机及箱变基础接地工程危险源、环境因素辨识与评价措施报审及附件 5 ××项目风机及箱变基础接地工程单位工程质量验收项目划分表报审及附件 6 ××项目风机及箱变基础接地工程强条及技术规范清单报审及附件 7 ××项目风机及箱变基础接地工程进度网络计划、工程节点、进度计划调整文件报审及附件 8 ××项目风机及箱变基础接地工程停工、复工报审及附件 9 ××项目风机及箱变基础接地工程绿色施工报审及附件 10 ××项目风机及箱变基础接地工程水土保持实施措施报审及附件	图59

档案号	案卷题名	卷内题目	图例
1000-832-004	××风电项目送出线路工程安全预案、质量验收划分表、强条、进度计划、绿色施工、水土保持实施措施报审	1 竣工文件审查签字页 2 ××项目送出线路工程安全预案（管理制度、安全检查与整改记录）报审及附件 3 ××项目送出线路工程安全文明施工策划报审及附件 4 ××项目送出线路工程危险源、环境因素辨识与评价措施报审及附件 5 ××项目送出线路工程单位工程质量验收项目划分表报审及附件 6 ××项目送出线路工程强条及技术规范清单报审及附件 7 ××项目送出线路工程进度网络计划、工程节点、进度计划调整文件报审及附件 8 ××项目送出线路工程停工、复工报审及附件 9 ××项目送出线路工程绿色施工报审及附件 10 ××项目送出线路工程水土保持实施措施报审及附件	卷内备考表 档号：15000-832-007 互见号： 说明： 本卷共 1 件，共 236 页，其中图纸共　张。 立卷人： 2021年 01月 14日 检查人： 2021年 01月 14日 图 60

档案号	案卷题名	卷内题目	图例
1000-832-005	××风电项目场区配电工程安全预案、质量验收划分表、强条、进度计划、绿色施工、水土保持实施措施报审	1 竣工文件审查签字页 2 ××项目配电工程安全预案（管理制度、安全检查与整改记录）报审及附件 3 ××项目配电工程安全文明施工策划报审及附件 4 ××项目配电工程危险源、环境因素辨识与评价措施报审及附件 5 ××项目配电工程单位工程质量验收项目划分表报审及附件 6 ××项目配电工程强条及技术规范清单报审及附件 7 ××项目配电工程进度网络计划、工程节点、进度计划调整文件报审及附件 8 ××项目配电工程停工、复工报审及附件 9 ××项目配电工程绿色施工报审及附件 10 ××项目配电工程水土保持实施措施报审及附件	图61

档案号	案卷题名	卷内题目	图例
1000-832-006	××风电项目升压站土建工程安全预案、质量验收划分表、强条、进度计划、绿色施工、水土保持实施措施报审	1 竣工文件审查签字页 2 ××项目升压站土建工程安全预案（管理制度、安全检查与整改记录）报审及附件 3 ××项目升压站土建工程安全文明施工策划报审及附件 4 ××项目升压站土建工程危险源、环境因素辨识与评价措施报审及附件 5 ××项目升压站土建工程单位工程质量验收项目划分表报审及附件 6 ××项目升压站土建工程强条及技术规范清单报审及附件 7 ××项目升压站土建工程进度网络计划、工程节点、进度计划调整文件报审及附件 8 ××项目升压站土建工程停工、复工报审及附件 9 ××项目升压站土建工程绿色施工报审及附件 10 ××项目升压站土建工程水土保持实施措施报审及附件	档　号：15000-832-001 风电项目风机及箱变基础施工工程安全管理制度、安全培训记录、安全文明施工策划、安全及防火协议、高原反应预案、临时用电方案、检测方案、未使用国家技术公告禁止和限制使用的技术检查报告及报审表 立卷单位　陕西瀛鑫建筑安装工程有限公司 起止日期　2019.06.01-2019.12.14 保管期限　　30年 密　级 图 62

47

档案号	案卷题名	卷内题目	图例
1000-832-007	××风电项目升压站电气安装工程安全预案、质量验收划分表、强条、进度计划、绿色施工、水土保持实施措施报审	1 竣工文件审查签字页 2 ××项目升压站电气安装工程安全预案（管理制度、安全检查与整改记录）报审及附件 3 ××项目升压站电气安装工程安全文明施工策划报审及附件 4 ××项目升压站电气安装工程危险源、环境因素辨识与评价措施报审及附件 5 ××项目升压站电气安装工程质量验收项目划分表报审及附件 6 ××项目升压站电气安装工程强条及技术规范清单报审及附件 7 ××项目升压站电气安装工程进度网络计划、工程节点、进度计划调整文件报审及附件 8 ××项目升压站电气安装工程停工、复工报审及附件 9 ××项目升压站电气安装工程绿色施工报审及附件 10 ××项目升压站电气安装工程水土保持实施措施报审及附件	图63

档案号	案卷题名	卷内题目	图例
1000-832-008	××风电项目道路工程安全预案、质量验收划分表、强条、进度计划、绿色施工、水土保持实施措施报审	1 竣工文件审查签字页 2 ××项目道路工程安全预案（管理制度、安全检查与整改记录）报审及附件 3 ××项目道路工程安全文明施工策划报审及附件 4 ××项目道路工程危险源、环境因素辨识与评价措施报审及附件 5 ××项目道路工程单位工程质量验收项目划分表报审及附件 6 ××项目道路工程强条及技术规范清单报审及附件 7 ××项目道路工程进度网络计划、工程节点、进度计划调整文件报审及附件 8 ××项目道路工程停工、复工报审及附件 9 ××项目道路工程绿色施工报审及附件 10 ××项目道路工程水土保持实施措施报审及附件	图 64

档案号	案卷题名	卷内题目	图例
1000-840-001	××风电项目风机及箱变基础工程施工组织设计报审	1 竣工文件审查签字页 2 ××项目风机及箱变基础工程施工组织设计报审及附件	
1000-840-002	××风电项目风机及箱变基础工程开工、竣工报审、施工图会检、施工方案报审	1 竣工文件审查签字页 2 ××项目风机及箱变基础单位工程开工报审及附件 3 ××项目风机及箱变基础单位工程竣工报审及附件 4 ××项目风机及箱变基础工程土建交付安装中间交接表 5 ××项目风机及箱变基础工程施工图会检记录 6 ××项目风机及箱变基础工程混凝土施工方案报审及附件 7 ××项目风机及箱变基础工程基础施工方案报审及附件 8 ××项目风机及箱变基础工程施工用电方案报审及附件 9 ××项目风机及箱变基础工程未使用国家明令禁止的技术、材料、设备及半成品报审及附件	图65

档案号	案卷题名	卷内题目	图例
1000-840-003	××风电项目风机及箱变基础工程工程承包单位资质、特种作业人员资质、测量器具检验、施工机械进场报审	1 竣工文件审查签字页 2 ××风电项目风机及箱变基础工程承包单位资质报审及附件 3 ××风电项目风机及箱变基础工程项目部管理资质的报审及附件（包含项目经理任命书、项目部启用项目印章的通知） 4 ××风电项目风机及箱变基础工程特种作业人员资质报审及附件 5 ××风电项目风机及箱变基础工程测量器具检验报审及附件 6 ××风电项目风机及箱变基础工程主要施工机械进场报审及附件	图66
1000-840-004 (图67～图77)	××风电项目风机及箱变基础工程混凝土、钢筋、锚栓、锚板进场报审、供应商资质报审	1 竣工文件审查签字页 2 ××风电项目风机及箱变基础工程混凝土进场报审及附件 3 ××风电项目风机及箱变基础工程钢筋进场报审及附件 4 ××风电项目风机及箱变基础工程锚栓、锚板进场报审及附件 5 ××风电项目风机及箱变基础工程供应商资质报审及附件	

51

档案号	案卷题名	卷内题目	图例
1000-840-005	××风电项目风机安装工程施工组织设计报审	1 竣工文件审查签字页 2 ××项目风机安装工程施工组织设计报审及附件	
1000-840-006	××风电项目风机安装工程开工、竣工报审、施工图会检、作业指导书、施工方案报审	1 竣工文件审查签字页 2 ××项目风机安装单位工程开工报审及附件 3 ××项目风机安装单位工程竣工报审及附件 4 ××项目风机安装工程安装交付调试验收交接表及附件 5 ××项目风机安装工程作业指导书报审及附件 6 ××项目风机安装工程吊装技术方案报审及安全技术交底 7 ××项目风机安装工程施工用电方案报审及附件 8 ××项目风机安装工程达标投产计划、检测试验项目计划报审及技术交底 9 ××项目风机安装工程现场执行有效标准规程及报审及技术交底 10 ××项目风机安装工程安全专项施工方案报审及技术交底 11 ××项目风机安装工程重大起重设备、运输作业方案报审及技术交底 12 ××项目风机安装工程危险性较大的专项施工方案报审及附件、施工现场管理检查记录	档　　号：15000-840-010 风电项目风机及箱变基础施工工程钢筋、水泥、砂子、碎石、水、外加剂、砖、灌浆材料、扁铁、热镀锌扁铁、热镀锌钢管、导管、热镀锌圆管、沉降观测、构配件材料进场及报审表 立卷单位　陕西盛鑫建筑安装工程有限公司 起止日期　2019.07.01-2019.09.30 保管期限　　　30年 密　　级　 图 67

档案号	案卷题名	卷内题目	图例
1000-840-007	××风电项目风机安装工程工程承包单位资质、特种作业人员资质、测量器具检验、施工机械进场报审	1 竣工文件审查签字页 2 ××项目风机安装工程承包单位资质报审及附件 3 ××项目风机安装工程项目部管理人员资质报审及附件（包含项目经理任命书、项目部启用项目印章的通知） 4 ××项目风机安装工程特种作业人员资质报审及附件 5 ××项目风机安装工程测量器具检验报审及附件 6 ××项目风机安装工程主要施工机械进场报审及附件	图68
1000-840-008	××风电项目风机安装工程工程螺栓检测报告	××项目风机安装工程螺栓检测报告（复试报告）报审及附件	
1000-840-009	××风电项目风机及箱变基础接地工程承包单位资质、特种作业人员资质、测量器具检验、施工机械进场、供应商资质报审、接地极材料报审	1 竣工文件审查签字页 2 ××项目风机及箱变基础接地工程承包单位资质报审及附件 3 ××项目风机及箱变基础接地工程项目部管理人员资质报审及附件（包含项目经理任命书、项目部启用项目印章的通知） 4 ××项目风机及箱变基础接地工程特种作业人员资质报审及附件	

53

档案号	案卷题名	卷内题目	图例
1000-840-009	××风电项目风机及箱变基础接地工程承包单位资质、特种作业人员资质、测量器具检验、施工机械进场、供应商资质报审、接地极材料报审	5××项目风机及箱变基础接地工程测量器具检验报审及附件 6××项目风机及箱变基础接地工程主要施工机械进场报审及附件 7××项目风机及箱变基础接地工程供应商资质报审 8××项目风机及箱变基础接地工程接地体材料进场报审	
1000-840-010	××风电项目送出线路工程施工组织设计报审	1 竣工文件审查签字页 2 ××风电项目送出线路工程施工组织设计报审及附件	图69
1000-840-011	××风电项目送出线路工程开工、竣工报审、施工图会检、施工方案报审	1 竣工文件审查签字页 2 ××项目送出线路单位工程开工报审及附件 3 ××项目送出线路单位工程竣工验收报审及附件 4 ××项目送出线路工程施工图会检记录 5 ××项目送出线路工程基础施工方案报审及附件 6 ××项目送出线路工程铁塔组立施工方案报审及附件 7 ××项目送出线路工程放线施工方案报审及附件、施工现场管理检查记录	

档案号	案卷题名	卷内题目	图例
1000-840-011	××风电项目送出线路工程开工、竣工报审、施工图会检、施工方案报审	8 ××项目送出线路工程带电跨越高处作业方案报审及附件 9 ××项目送出线路工程架线专项方案报审及附件 10 ××项目送出线路工程施工用电方案报审及附件 11 ××项目送出线路工程达标投产计划、检测试验项目计划 12 ××项目送出线路工程现场执行有效标准规程报审及附件 13 ××项目送出线路工程安全专项施工方案报审及附件、技术交底 14 ××项目送出线路工程重大起重设备、运输作业方案报审及附件、技术交底 15 ××项目送出线路工程未使用国家明令禁止的技术、材料、设备及半成品报审及附件 16 ××项目送出线路工程危险性较大的专项施工方案报审及附件（人工挖孔桩专项施工方案）	图70
1000-840-012	××风电项目送出线路工程承包单位资质、特种作业人员资质、测量器具检验、施工机械进场报审	1 竣工文件审查签字页 2 ××风电项目送出线路工程承包单位资质报审及附件 3 ××风电项目送出线路工程项目部管理人员的报审及附件（包含项目经理任命书、项目部启用项目印章的通知） 4 ××项目送出线路工程特种作业人员报审及附件 5 ××项目送出线路工程测量器具检验报审及附件 6 ××项目送出线路工程主要施工机械进场报审及附件	

档案号	案卷题名	卷内题目	图例
1000-840-013	××风电项目送出线路工程地脚螺栓、钢筋、铁塔、导线及附件进场报审、供应商资质报审	1 竣工文件审查签字页 2 ××项目送出线路工程地脚螺栓进场报审及附件 3 ××项目送出线路工程钢筋进场报审及附件 4 ××项目送出线路工程混凝土进场报审及附件 5 ××项目送出线路工程铁塔进场报审及附件 6 ××项目送出线路工程光缆进场报审及附件 7 ××项目送出线路工程绝缘子和金具进场报审及附件 8 ××项目送出线路工程导线进场报审及附件 9 ××项目送出线路工程接地材料进场报审及附件 10 ××项目送出线路工程跌落保险、避雷器、隔离开关进场报审及附件 11 ××项目送出线路工程电缆线路报审及附件（电缆终端及中间头、电缆连接箱、电缆、接地材料、保护盖板、标志桩、避雷器）进场报审及附件 12 ××项目送出线路工程供应商资质报审及附件	图71
1000-840-014	××风电项目场区配电工程工程施工组织设计报审	1 竣工文件审查签字页 2 ××项目场区配电工程施工组织设计报审及附件	

档案号	案卷题名	卷内题目	图例
1000-840-015	××风电项目场区配电工程开工、竣工报审、施工图会检、施工方案报审	1 竣工文件审查签字页 2 ××项目场区配电单位工程开工报审及附件 3 ××项目场区配电单位工程竣工验收报审及附件 4 ××项目场区配电工程施工图会检记录 5 ××项目场区配电工程施工用电方案及技术交底 6 ××项目场区配电工程达标投产计划、检测试验项目计划及技术交底 7 ××项目场区配电工程现场执行有效标准规程和报审表及技术交底 8 ××项目场区配电工程安全专项施工方案及技术交底 9 ××项目场区配电工程未使用国家明令禁止的技术、材料、设备及半成品报审及附件 10 ××项目场区配电工程危险性较大的专项施工方案报审及附件、施工现场管理检查记录	图72
1000-840-016	××风电项目场区配电工程承包单位资质、特种作业人员资质、测量器具检验、施工机械进场报审	1 竣工文件审查签字页 2 ××项目场区配电工程承包单位资质报审及附件 3 ××项目场区配电项目部管理人员资质报审及附件（包含项目经理任命书、项目部启用项目印章的通知） 4 ××项目场区配电工程特种作业人员资质报审及附件 5 ××项目场区配电工程测量器具检验进场报审及附件 6 ××项目场区配电工程主要施工机械进场报审及附件	

档案号	案卷题名	卷内题目	图例
1000-840-017	××风电项目场区配电工程地脚螺栓、钢筋、铁塔、导线及附件进场报审、供应商资质报审	1 竣工文件审查签字页 2 ××项目场区配电工程地脚螺栓进场报审及附件 3 ××项目场区配电工程钢筋进场报审及附件 4 ××项目场区配电工程混凝土进场报审及附件 5 ××项目场区配电工程铁塔进场报审及附件 6 ××项目场区配电工程光缆进场报审及附件 7 ××项目场区配电工程绝缘子和金具进场报审及附件 8 ××项目场区配电工程导线进场报审及附件 9 ××项目场区配电工程接地材料进场报审及附件 10 ××项目场区配电工程跌落保险、避雷器、隔离开关进场报审及附件 11 ××项目区配电工程电缆线路报审及附件（电缆终端及中间头、电缆连接箱、电缆、接地材料、保护盖板、标志桩、避雷器）进场报审及附件 12 ××项目场区配电工程供应商资质报审及附件	图73
1000-840-018	××风电项目升压站电气安装工程承包单位资质、特种作业人员资质、测量器具检验、施工机械进场报审	1 竣工文件审查签字页 2 ××项目升压站电气安装单位资质报审及附件 3 ××项目升压站电气安装工程项目管理人员资质报审及附件（包含项目经理任命书、项目部启用项目印章的通知）	

档案号	案卷题名	卷内题目	图例
1000-840-018	××风电项目升压站电气安装工程承包单位资质、特种作业人员资质、测量器具检验、施工机械进场报审	4××项目升压站电气安装工程特种人员资质报审及附件 5××项目升压站电气安装工程测量器具检验报审及附件 6××项目升压站电气安装工程主要施工机械进场报审及附件	图74
1000-840-019	××风电项目升压站电气安装工程钢材、电缆进场报审、供应商资质报审	1竣工文件审查签字页 2××风电项目升压站电气安装工程热镀锌扁钢、槽钢、角钢材料进场报审 3××风电项目升压站电气安装工程防火封堵材料进场报审 4××风电项目升压站电气安装工程控制电缆进场报审 5××风电项目升压站电气安装工程供应商资质报审及附件	
1000-840-020	××风电项目升压站土建工程施工组织设计报审	1竣工文件审查签字页 2××项目升压站土建工程施工组织设计报审及附件	
1000-840-021	××风电项目升压站土建工程开工、竣工报审、施工图会检、施工方案报审	1竣工文件审查签字页 2××项目升压站土建单位工程开工报审及附件 3××项目升压站土建单位工程竣工报审及附件 4××项目升压站土建工程土建交付电气安装中间交接表及附件	

档案号	案卷题名	卷内题目	图例
1000-840-021	××风电项目升压站土建工程开工、竣工报审、施工图会检、施工方案报审	5××项目升压站土建工程施工图会检记录 6××项目升压站土建工程施工方案报审及附件、技术交底记录 7××项目升压站土建工程施工用电方案报审及附件 8××项目升压站土建工程特殊脚手架施工方案报审及附件 9××项目升压站土建工程安全专项施工方案报审及附件 10××项目升压站土建工程未使用国家明令禁止的技术、材料、设备及半成品报审及附件	图75
1000-840-022	××风电项目升压站土建工程承包单位资质、特种作业人员资质、测量器具检验、施工机械进场报审	1 竣工文件审查签字页 2××风电项目升压站土建工程承包单位资质报审及附件 3××风电项目升压站土建工程项目部管理人员的报审及附件（包含项目经理任命书、项目部启用项目印章的通知） 4××风电项目升压站土建工程特种作业人员资质报审及附件 5××风电项目升压站土建工程测量器具检验报审及附件 6××风电项目升压站土建工程主要施工机械进场报审及附件	

档案号	案卷题名	卷内题目	图例
1000-840-023	××风电项目升压站土建工程商品混凝土、钢筋进场报审、供应商资质报审	1 竣工文件审查签字页 2 ××项目升压站土建工程商品混凝土进场报审及附件 3 ××项目升压站土建工程钢筋进场报审及附件 4 ××风电项目升压站土建工程供应商资质报审及附件	
1000-840-024	××风电项目道路工程施工组织设计	1 竣工文件审查签字页 2 ××风电项目道路工程施工组织设计报审及附件	图76
1000-840-025	××风电项目道路工程开工、竣工报审、施工图会检、施工方案报审	1 竣工文件审查签字页 2 ××项目道路单位工程开工报审及附件 3 ××项目道路单位工程竣工报审及附件 4 ××项目道路工程施工图会检记录 5 ××项目道路工程施工方案报审及附件 6 ××项目道路工程施工用电方案报审及附件 7 ××项目道路工程安全专项施工方案报审及附件 8 ××项目道路工程未使用国家明令禁止的技术、材料、设备及半成品报审及附件 9 ××项目道路工程危险性较大的专项施工方案报审及附件、施工现场管理检查记录	

档案号	案卷题名	卷内题目	图例
1000-840-026	××风电项目道路工程承包单位资质、特种作业人员资质、测量器具检验、施工机械进场报审	1 竣工文件审查签字页 2 ××项目道路工程承包单位资质报审及附件 3 ××风电道路工程项目部管理人员资质报审及附件（包含项目经理任命书、项目部启用项目印章的通知） 4 ××风电道路工程特种作业人员资质报审及附件 5 ××项目道路工程测量器具检验报审及附件 6 ××项目道路工程主要施工机械进场报审及附件	图77
1000-840-027	××风电项目道路工程排水管、混凝土进场报审、供应商资质报审	1 竣工文件审查签字页 2 ××项目道路工程排水管进场报审及附件 3 ××项目道路工程商品混凝土进场报审及附件 4 ××项目道路工程供应商资质报审及附件	
1000-840-028	××风电项目风机调试工程承包单位资质、特种作业人员资质、测量器具检验报审	1 竣工文件审查签字页 2 ××项目调试工程承包单位资质报审及附件 3 ××风电项调试工程管理人员的报审及附件 4 ××项目调试单位测量器具检验报审及附件	
1000-840-029	××风电项目风机基础沉降观测报告	××风电项目风机基础沉降观测报告	

档案号	案卷题名	卷内题目	图例
1000-840-030	××风电项目设计变更及材料代用	1 竣工文件审查签字页 2 ××风电项目工程变更申请单 3 ××风电项目工程变更执行单 4 ××风电项目工程材料代用审批单	

11.2 风力发电机组工程（分类号841）

风机基础单位工程：1～N个子单位工程：有风机基础、箱变基础分部工程。

风机安装单位工程：1～N个子单位工程：塔架安装、发电机组安装、电缆安装分部工程。

风机及箱变基础接地单位工程：1～N个子单位工程：风机基础接地、箱变基础接地分部工程。

档案号	案卷题名	卷内题目	图例
1001-841-001 （图78～图83）	××项目1号风机及箱变基础子单位工程开工报审、施工记录、强条执地记录、质量验评记录	1 竣工文件审查签字页 2 ××项目1号风机及箱变基础子单位工程开工报审及附件 3 ××项目1号风机及箱变基础工程定位测量记录 4 ××项目1号风机及箱变基础工程测量放线记录 5 ××项目1号风机基础工程回填土的试验报告 6 ××项目1号风机基础工程地基处理及桩基施工记录 7 ××项目1号风机基础工程沉降观测记录、沉降观测示意图 8 ××项目1号风机基础工程基础环抄测记录	图78

档案号	案卷题名	卷内题目	图例
1001-841-001	××项目1号风机及箱变基础子单位工程开工报审、施工记录、强条执行记录、质量验评记录	9 ××项目1号风机基础工程开盘鉴定 10 ××项目1号风机基础工程混凝土浇筑申请单 11 ××项目1号风机基础工程混凝土施工记录、养护温度记录（28d、60d） 12 ××项目1号风机基础工程混凝土试块抗压（抗冻）强度检测报告及委托单报验单 13 ××项目1号风机基础工程混凝土试块强度统计、评定记录表 14 ××项目1号风机基础工程钢筋施工记录、试验报告 15 ××项目1号风机基础工程地基验槽隐蔽工程验收记录 16 ××项目1号风机基础钢筋隐蔽工程验收记录 17 ××项目1号风机基础工程施工强条执行记录 18 ××项目风机基础及箱变基础单位工程质量报审 19 ××项目1号风机基础及箱变基础子单位工程质量报审 20 ××项目1号风机基础地基与基础分部、分项、检验批工程质量验收申请表及记录 21 ××项目1号风机箱变地基与基础分部、分项、检验批工程质量验收申请表及记录 22 ××项目1号风机基础交付风机安装中间交接表	图79 图80

档案号	案卷题名	卷内题目	图例
100N-841-001	××项目N号风机及箱变基础子单位工程开工报审、施工记录、强条执行记录、质量验评记录	参照 1001-841-001	
1001-841-002	××项目1号风机安装子单位工程开工报审、安装记录、强条执行记录、质量验评记录	1 竣工文件审查签字页 2 ××项目1号风机安装工程开工报审 3 ××项目1号风机安装工程高强螺栓力矩施工记录 4 ××项目1号风机安装工程吊装记录 5 ××项目1号风机安装工程电装记录 6 ××项目1号风机安装工程力矩紧固复检记录 7 ××项目1号风机安装工程设备缺陷及处理意见 8 ××项目1号风机安装工程强条执行记录 9 ××项目风机安装单位工程质量报审 10 ××项目1号风机安装工程子单位工程质量报审 11 ××项目1号风机安装工程塔架安装分部、分项工程质量验收申请及记录 12 ××项目1号风机安装工程风力发电机组安装分部、分项工程质量验收申请及记录 13 ××项目1号风机安装工程电缆安装分部、分项工程质量验收申请及记录 14 ××项目1号风机安装工程交付调试中间交接验收签证	图81

档案号	案卷题名	卷内题目	图例
100N-841-002	××项目N号风机安装子单位工程开工报审、安装记录、强条执行记录、质量验评记录	参照1001-841-002	图82
1001-841-003	××项目1~N号风机及箱变基础防雷接地工程接地电阻测试报告、强条执行记录、质量验评记录	1 竣工文件审查签字页 2 ××项目风机及箱变基础接地工程接地电阻测试报告 3 ××项目风机及箱变基础防雷接地1号子单位工程强条执行记录 4 ××项目风机及箱变基础防雷接地1号子单位工程隐蔽工程验收记录 5 ××项目风机及箱变基础防雷接地单位工程质量报审 6 ××项目风机及箱变基础防雷接地1号子单位工程质量报审 7 ××项目风机及箱变基础防雷接地工程1号风机基础接地分部、分项工程质量验收申请表及记录 8 ××项目风机及箱变基础防雷接地工程1号风机箱变基础接地分部、分项工程质量验收申请表及记录 9 2~N号以此类推	图83

11.3 升压站电气安装单位工程（分类号842）

10个子单位工程：(1) 主变压器系统设备安装；(2) 主控及直流设备安装；(3) ××kV配电装置安装；(4) 封闭式组合电器安装；(5) ×××kV及站用配电装置安装；(6) 无功补偿装置安装；(7) 全站电缆；(8) 全站防雷及接地装置安装；(9) 全站电气照明装置安装；(10) 通信系统设备安装。

档案号	案卷题名	卷内题目	图例
1000-842-001（图84～图90）	××项目升压站电气安装工程主变压器系统设备安装子单位工程安装记录、强条执行记录、质量验评记录	1 审查文件签字页 2 ××项目升压站电气安装工程变压器运输冲击记录 3 ××项目升压站电气安装工程变压器破氮前氮气压力检查记录 4 ××项目升压站电气安装工程主变压器安装及器身检查记录 5 ××项目升压站电气安装工程主变压器冷却器密封试验报告 6 ××项目升压站电气安装工程主变压器真空注油及密封试验报告 7 ××项目升压站电气安装工程主变压器绝缘油试验报告、气体继电器检验报告、压力释放阀检验报告、温控仪校验报告 8 ××项目升压站电气安装工程主变压器中心点设备安装调整记录 9 ××项目升压站电气安装工程主变压器安装强条执行记录 10 ××项目升压站电气安装单位工程质量验收报审	图84

档案号	案卷题名	卷内题目	图例
1000-842-001 (图91)	××项目升压站电气安装工程主变压器系统设备安装子单位工程安装记录、强条执行记录、质量验评记录	11 ××项目升压站电气安装工程主变压器系统设备安装子单位工程质量验收申请及记录 12 ××项目升压站电气安装工程主变压器安装分部、分项工程质量验收申请及记录 13 ××项目升压站电气安装工程主变压器系统附属设备安装分部、分项工程质量验收申请表及记录 14 ××项目升压站电气安装工程主变压器带电试运签证	风电项目 风电项目升压站设备安装调试工程单位工程质量验收 竣工文件审查签字页 施工单位：_____年__月__日 监理单位：_____年__月__日 管理单位：_____年__月__日 建设单位：_____年__月__日 图85
1000-842-002	××项目升压站电气安装工程主控及直流设备安装子单位工程安装记录、强条执行记录、质量验评记录	1 审查文件签字页 2 ××项目升压站电气安装工程主控及直流电源系统设备安装及调试记录（含蓄电池安装记录、蓄电池组充放电特性曲线） 3 ××项目升压站电气安装工程主控及直流设备按强条执行记录 4 ××项目升压站电气安装工程主控及直流设备安装子单位工程质量验收申请及记录 5 ××项目升压站电气安装工程主控室设备安装分部、分项工程质量验收申请及记录 6 ××项目升压站电气安装工程蓄电池组安装分部、分项工程质量验收申请及记录	

档案号	案卷题名	卷内题目	图例
1000-842-003	××项目升压站电气安装工程××kV配电装置安装子单位工程安装记录、强条执行记录、质量验评记录	1 审查文件签字页 2 ××项目升压站电气安装工程××kV配电装置开关柜安装及调整记录 3 ××项目升压站电气安装工程××kV配电装置安装强条执行记录 4 ××项目升压站电气安装工程××kV配电装置子单位工程质量验收报审及记录 5 ××项目升压站电气安装工程××kV配电装置安装分部、分项工程质量验收申请表及记录 6 ××项目升压站电气安装工程××kV配电装置带电试运签证	图86
1000-842-004	××项目升压站电气安装工程封闭式组合电器安装子单位工程安装记录、强条执行记录、质量验评记录	1 审查文件签字页 2 ××项目升压站电气安装工程封闭式组合电器SF6气体抽样检查试验报告 3 ××项目升压站电气安装工程封闭式组合电器隔气室气体密封及湿度检测报告 4 ××项目升压站电气安装工程封闭式组合电器密度继电器校验报告 5 ××项目升压站电气安装工程封闭式组合电器出线侧避雷器及电压互感器安装记录 6 ××项目升压站电气安装工程封闭式组合电器安装强条执行记录 7 ××项目升压站电气安装工程封闭式组合电器安装子单位工程质量验收申请及记录	

档案号	案卷题名	卷内题目	图例
1000-842-004	××项目升压站电气安装工程封闭式组合电器安装子单位工程安装记录、强条执行记录、质量验评记录	8××项目升压站电气安装工程封闭式组合电器检查安装分部、分项工程验收申请及记录 9××项目升压站电气安装工程封闭式组合电器配套设备安装分部、分项工程质量验收申请及记录 10××项目升压站电气安装工程封闭式组合电器就地控制设备安装分部、分项工程质量验收申请及记录 11××项目升压站电气安装工程封闭式组合电器设备带电试运签证	
1000-842-005	××项目升压站电气安装工程×××kV及站用配电装置安装子单位工程安装记录、强条执行记录、质量验评记录	1 审查文件签字页 2××项目升压站电气安装工程站用配电装置安装高低压开关柜安装及调整记录 3××项目升压站电气安装工程站用配电装置气体继电器、温控仪校验报告和绝缘油试验报告 4××项目升压站电气安装工程站用配电装置安装强条执行记录 5××项目升压站电气安装工程站用配电装置安装子单位程质量验收申请及记录 6××项目升压站电气安装工程站用配电装置工作变压器安装分部、分项工程质量验收申请及记录 7××项目升压站电气安装工程站用配电装置备用变压器安装分部、分项工程质量验收申请及记录	图87

档案号	案卷题名	卷内题目	图例
1000-842-005	××项目升压站电气安装工程×××kV及站用配电装置安装子单位工程安装记录、强条执行记录、质量验评记录	8 ××项目升压站电气安装工程站用配电装置××kV配电柜安装分部、分项工程质量验收申请及记录 9 ××项目升压站电气安装工程站用配电装置站用低压配电装置安装分部、分项工程质量验收申请及记录 10 ××项目升压站电气安装工程站用配电装置带电试运签证	
1000-842-006	××项目升压站电气安装工程无功补偿装置安装子单位工程安装记录、强条执行记录、质量验评记录	1 审查文件签字页 2 ××项目升压站电气安装工程无功补偿装置安装记录 3 ××项目升压站电气安装工程无功补偿装置安装强条执行记录 4 ××项目升压站电气安装工程无功补偿装置安装子单位工程质量验收申请及记录 5 ××项目升压站电气安装工程无功补偿装置安装分部、分项工程质量验收申请及记录 6 ××项目升压站电气安装工程无功补偿装置带电试运签证	**图88**
1000-842-007	××项目升压站电气安装工程全站电缆子单位工程安装记录、强条执行记录、质量验评记录	1 审查文件签字页 2 ××项目升压站电气安装工程电缆敷设、终端及中间接头制作记录 3 ××项目升压站电气安装工程电缆防火施工记录	

档案号	案卷题名	卷内题目	图例
1000-842-007	××项目升压站电气安装工程全站电缆子单位工程安装记录、强条执行记录、质量验评记录	4 ××项目升压站电气安装工程隐蔽工程验收签证 5 ××项目升压站电气安装工程电缆施工强条执行记录 6 ××项目升压站电气安装工程全站电缆子单位工程质量验收申请及记录 7 ××项目升压站电气安装工程电缆管配置及敷设分部、分项工程质量验收申请及记录 8 ××项目升压站电气安装工程电缆架制作及安装分部、分项工程质量验收申请及记录 9 ××项目升压站电气安装工程电缆敷设分部、分项工程质量验收申请及记录 10 ××项目升压站电气安装工程电缆终端及中间接头制作分部、分项工程质量验收申请及记录 11 ××项目升压站电气安装工程控制电缆终端制作及安装分部、分项工程质量验收申请及记录 12 ××项目升压站电气安装工程35kV及以上电缆线路施工分部、分项工程质量验收申请及记录 13 ××项目升压站电气安装工程控制电缆防火与阻燃分部、分项工程质量验收申请及记录	图89
1000-842-008	××项目升压站电气安装工程全站防雷及接地装置安装子单位工程安装记录、强条执行记录、质量验评记录	1 审查文件签字页 2 ××项目升压站电气安装工程接地开挖及回填记录 3 ××项目升压站电气安装工程接地体敷设及焊接记录	

档案号	案卷题名	卷内题目	图例
1000-842-008	××项目升压站电气安装工程全站防雷及接地装置安装子单位工程安装记录、强条执行记录、质量验评记录	4 ××项目升压站电气安装工程独立避雷针接地电阻测试记录 5 ××项目升压站电气安装工程防雷及接地装置安装隐蔽工程验收签证 6 ××项目升压站电气安装工程全站防雷及接地装置安装施工强条执行记录 7 ××项目升压站电气安装工程全站防雷及接地装置防雷接地子单位工程质量验收申请及记录 8 ××项目升压站电气安装工程避雷针及引下线安装分部、分项工程质量验收申请及记录 9 ××项目升压站电气安装工程接地装置安装分部、分项工程质量验收申请及记录	图90
1000-842-009	××项目升压站电气安装工程全站电气照明装置安装子单位工程安装记录、强条执行记录、质量验评记录	1 审查文件签字页 2 ××项目升压站电气安装工程全站电气照明装置安装子单位工程质量验收申请及记录 3 ××项目升压站电气安装工程全站电气照明安装分部、分项工程质量验收申请及记录 4 ××项目升压站电气安装工程全站照明装置安装强条执行记录	

73

档案号	案卷题名	卷内题目	图例
1000-842-010	××项目升压站电气安装工程通信系统设备安装子单位工程安装记录、强条执行记录、质量验评记录	1 审查文件签字页 2 ××项目升压站电气安装工程通信系统设备安装记录 3 ××项目升压站电气安装工程光纤熔接损耗测试报告 4 ××项目升压站电气安装工程全站通信设备安装强条执行记录 5 ××项目升压站电气安装工程通信系统设备安装子单位工程质量验收申请及记录 6 ××项目升压站电气安装工程通信系统设备安装分部、分项工程质量验收申请及记录 7 ××项目升压站电气安装工程通信蓄电池设备安装分部、分项工程质量验收申请及记录 8 ××项目升压站电气安装工程通信系统接地分部、分项工程质量验收申请及记录	图91
1000-842-011	××项目升压站电气安装工程调试方案、一次、二次设备调试报告	1 审查文件签字页 2 ××项目升压站电气安装工程调试方案、技术交底 3 ××项目升压站电气安装工程一次设备试验报告 4 ××项目升压站安装工程二次设备调试报告	

11.4 ×××kV送出线路单位工程（分类号843）

6个分部工程：（1）土石方工程；（2）基础工程；（3）杆塔工程；（4）架线工程；（5）接地工程；（6）线路防护设施工程。

档案号	案卷题名	卷内题目	图例
1000-843-001 (图92～图104)	××风电项目架空送出线路工程土石方工程分部施工记录、强条执行记录、质量验评记录	1 审查文件签字页 2 ××风电项目架空送出线路工程定位测量放线记录、工程施工测量记录 3 ××风电项目架空送出线路工程土石方工程分部强条执行记录 4 ××风电项目架空送出线路单位工程质量报审 5 ××风电项目架空送出线路工程土石方工程分部质量验收申请及记录 6 ××风电项目架空送出线路工程路径复测分项工程质量验收申请及记录（按单元顺序排列） 7 ××风电项目架空送出线路工程普通基础分坑及开挖分项工程质量验收申请及记录 8 ××风电项目架空送出线路工程施工基面及电气开方分项工程质量验收申请及记录	图92　图93
1000-843-002	××风电项目架空送出线路工程基础工程分部施工记录、强条执行记录、质量验评记录	1 审查文件签字页 2 ××风电项目架空送出线路工程基础开挖、浇筑记录 3 ××风电项目架空送出线路工程混凝土试块抗压（抗冻）强度检测报告报审及附件 4 ××风电项目架空送出线路工程钢筋强度检验报告报审及附件 5 ××风电项目架空送出线路工程基础工程分部强条执行记录 6 ××风电项目架空送出线路工程基础工程质量验收申请及记录 7 ××风电项目架空送出线路工程现浇铁塔基础施工分项工程质量验收申请及记录	图94　图95

75

档案号	案卷题名	卷内题目	图例
1000-843-003	××风电项目架空送出线路工程杆塔工程分部施工记录、强条执行记录、质量验评记录	1 审查文件签字页 2 ××风电项目架空送出线路工程杆塔组立记录 3 ××风电项目架空送出线路工程杆塔工程强条执行记录 4 ××风电项目架空送出线路工程杆塔工程分部质量验收申请及记录 5 ××风电项目架空送出线路工程自力式杆塔组立分项工程质量验收申请及记录	图96　图97
1000-843-004	××风电项目架空送出线路工程架线工程分部施工记录、强条执行记录、质量验评记录	1 审查文件签字页 2 ××风电项目架空送出线路工程导地线张放记录（按单元顺序） 3 ××风电项目送出线路工程绝缘子（串）交流耐压试验记录 4 ××风电项目送出线路工程导线压接试验报告、光缆熔接耗损测试报告、光缆接续明细表 5 ××风电项目送出线路工程架线工程强条执行记录 6 ××风电项目送出线路工程架线工程分部质量验收申请及记录 7 ××风电项目送出线路工程导线、地线展放分项工程质量验收申请及记录 8 ××风电项目送出线路工程导线、地线压接管施工分项工程质量验收申请及记录	图98　图99

档案号	案卷题名	卷内题目	图例
1000-843-004	××风电项目架空送出线路工程架线工程分部施工记录、强条执行记录、质量验评记录	9××风电项目送出线路工程紧线分项工程质量验收申请及记录（耐张段） 10××风电项目送出线路工程附件安装分项工程质量验收申请及记录 11××风电项目送出线路工程交叉跨越分项工程质量验收申请及记录	图100　图101
1000-843-005	××风电项目架空送出线路工程接地工程分部施工记录、强条执行记录、质量验评记录	1 审查文件签字页 2××风电项目送出线路工程接地装置施工记录 3××风电项目送出线路工程接地电阻测试报告 4××风电项目送出线路工程接地工程强条执行记录 5××风电项目送出线路工程接地工程隐蔽工程验收记录 6××风电项目送出线路工程接地工程分部质量验收申请及记录 7××风电项目送出线路工程水平接地装置施工分项（单元）工程质量验收申请及记录 8××风电项目送出线路工程垂直接地装置施工分项（单元）工程质量验收申请及记录	图102　图103
1000-843-006	××风电项目架空送出线路工程线路防护设施工程分部施工记录、强条执行记录、质量验评记录	1 审查文件签字页 2××风电项目送出线路工程线路两侧避雷器、隔离开关安装调整记录及试验报告 3××风电项目送出线路工程线路参数测试报告	

77

档案号	案卷题名	卷内题目	图例
1000-843-006	××风电项目架空送出线路工程线路防护设施工程分部施工记录、强条执行记录、质量验评记录	4××风电项目送出线路工程线路防护设施工程强条执行记录 5××风电项目送出线路施工工程线路防护设施工程分部质量验收申请及记录 6××风电项目送出线路施工工程线路防护设施施工工程分项工程质量验收申请及记录（处） 7××风电项目送出线路工程基础护坡或防洪堤分项工程质量验收申请及记录 8××风电项目送出线路工程公路高度标识分项工程质量验收申请及记录 9××风电项目送出线路工程线路相位标志分项工程质量验收申请及记录	图104

11.5 场区配电单位工程（分类号843）

N个子单位工程（A、B、C）：电缆线路施工、箱式变压器安装、中间箱安装、路接工程分部工程（如有架空线路参照送出线路）。

档案号	案卷题名	卷内题目	图例
1000-843-007 （图105、图106）	××风电项目场区配电工程A回路子单位工程施工记录、强条执行记录、质量验评记录	1 审查文件签字页 2××风电项目场区配电工程A回路子单位工程定位测量记录 3××风电项目场区配电工程强条执行记录	

档案号	案卷题名	卷内题目	图例
1000-843-007	××风电项目场区配电工程A回路子单位工程施工记录、强条执行记录、质量验评记录	4 ××风电项目场区配电工程A回路子单位工程隐蔽工程验收记录 5 ××风电项目场区配电单位工程质量报审 6 ××风电项目场区配电工程A回路子单位工程质量报审 7 ××风电项目场区配电工程A回路电缆线路施工分部工程质量验收申请及记录 8 ××风电项目场区配电工程A回路电缆沟制作分项工程质量验收申请及记录 9 ××风电项目场区配电工程A回路电缆管配置及敷设分项工程质量验收申请及记录 10 ××风电项目场区配电工程A回路电缆光缆敷设分项工程质量验收申请及记录 11 ××风电项目场区配电工程A回路电缆附件制作及安装分项质量验收申请及记录 12 ××风电项目场区配电工程A回路电缆防火与阻燃分项工程质量验收申请及记录 13 ××风电项目场区配电工程A回路变压器安装工程分部、分项质量验收申请及记录 14 ××风电项目场区配电工程A回路中间箱安装分部、分项（单元）质量验收申请及记录 15 ××风电项目场区配电工程A回路接工程分部、分项（单元）质量验收申请及记录	图105 图106
1000-843-008	B、C回路参照A回路	B、C回路参照A回路	

79

11.6 升压站土建单位工程（分类号844）

(1) 设备基础子单位工程：预制舱基础、主变构架及防火墙基础、主变基础及主变油池、独立避雷针基础、无功电抗器基础、站用变及备用变基础、变压器油池分部工程。

(2) 外附属设施子单位分部工程：站区给水排水、照明、围墙及大门、场地平整、战区通道分部工程。

档案号	案卷题名	卷内题目	图例
1000-844-001 (图107～图109)	××项目升压站土建工程设备基础子单位工程施工记录、强条执行记录、质量验评记录	1 审查文件签字页 2 ××项目升压站土建工程设备基础定位测量、放线及测量记录 3 ××项目升压站土建工程设备基础混凝土施工记录及见证检测报告（混凝土试块及钢筋强度检测报告） 4 ××项目升压站土建工程设备基础隐蔽工程验收记录 5 ××项目升压站土建工程设备子单位工程强条执行检查记录 6 ××项目升压站土建单位工程质量报审 7 ××项目升压站土建工程设备基础子单位工程质量报审 8 ××项目升压站土建工程预制舱基础分部、分项、检验批质量验收申请及记录 9 ××项目升压站土建工程主变构架及防火墙基础分部、分项、检验批质量验收申请及记录 10 ××项目升压站土建工程主变基础及主变油池分部、分项、检验批质量验收申请及记录	图107 图108

档案号	案卷题名	卷内题目	图例
1000-844-001	××项目升压站土建工程设备基础子单位工程施工记录、强条执行记录、质量验评记录	11 ××项目升压站土建工程独立避雷针基础分部、分项、检验批质量验收申请及记录 12 ××项目升压站土建工程无功电抗器基础分部、分项、检验批质量验收申请及记录 13 ××项目升压站土建工程站用变及备用变基础分部、分项、检验批质量验收申请及记录 14 ××项目升压站土建工程变压器油池分部、分项、检验批质量验收申请及记录	档　号：15000-844-009 风电项目升压站土建及电气安装施工工程主变、构支架子单位、主变、上变构架、无功补偿设备、出线构架及电阻柜基础、构支架安装、事故油池分部工程质量验收记录及报审表、地基验槽、隐蔽工程、浇筑申请、施工记录、见证取样、试验报告及报验表 立卷单位　中国能源建设集团云南火电建设有限公司 起止日期　20190828-20191216 保管期限　30年 密　　级 图109
1000-844-002	××项目升压站土建工程室外附属建筑子单位工程施工记录、强条执行记录、质量验评记录	1 审查文件签字页 2 ××项目升压站土建工程室外附属建筑子单位定位测量、放线及测量记录 3 ××项目升压站土建工程室外附属建筑施工记录及见证检测报告（混凝土试块及钢筋强度检测报告） 4 ××项目升压站土建工程室外附属建筑子单位工程强条执行记录 5 ××项目升压站土建工程室外附属建筑隐蔽工程验收记录 6 ××项目升压站土建工程室外附属建筑子单位工程质量报审 7 ××项目升压站土建工程电缆沟分部、分项、检验批质量验收申请及记录 8 ××项目升压站土建工程站区给水排水分部、分项、检验批质量验收申请及记录	

档案号	案卷题名	卷内题目	图例
1000-844-002	××项目升压站土建工程室外附属建筑子单位工程施工记录、强条执行记录、质量验评记录	9××项目升压站土建工程照明分部、分项、检验批质量验收申请及记录 10××项目升压站土建工程围墙及大门分部、分项、检验批质量验收申请及记录 11××项目升压站土建工程场地平整分部、分项、检验批质量验收申请及记录	

11.7 道路子单位工程（分类号845）

1~N条子单位道路工程（以项目划分表为准）：由路基、路面、排水沟、涵洞、桥梁、交通标志分部组成。

档案号	案卷题名	卷内题目	图例
1000-845-001 (图110~图112)	××风电项目1标段道路子单位工程施工记录、强条执行记录、质量验评记录	1 审查文件签字页 2 ××风电项目1标段道路工程施工记录 3 ××风电项目1标段道路工程检测报告（混凝土试块、路基密实度及钢筋强度检测报告） 4 ××风电项目1标段道路工程强条执行记录 5 ××风电项目道路单位工程质量报审 6 ××风电项目1标段道路工程子单位工程质量验收报审 7 ××风电项目1标段道路工程路基分部工程质量验收申请及记录 8 ××风电项目1标段道路工程路基定位放线分项、检验批工程质量验收申请及记录	图110

档案号	案卷题名	卷内题目	图例
1000-845-001	××风电项目1标段道路子单位工程施工记录、强条执行记录、质量验评记录	9××风电项目1标段道路路基土石方开挖分项、检验批工程质量验收申请及记录 10××风电项目1标段道路工程路基土石方回填分项、检验批工程质量验收申请及记录 11××风电项目1标段道路工程路面分部、分项、检验批工程质量验收申请及记录 12××风电项目1标段道路排水沟分部工程质量验收申请及记录 13××风电项目1标段道路排水沟土石方开挖分项、检验批工程质量验收申请及记录 14××风电项目1标段道路排水沟砌筑分项、检验批工程质量验收申请及记录 15××风电项目1标段道路排水挡墙分项、检验批工程质量验收申请及记录 16××风电项目1标段道路工程标志牌、里程牌安装分部工程验收申请及记录 17××风电项目1标段道路工程标志牌、里程牌安装分项、检验批工程质量验收申请及记录	图111
1000-845-002	××风电项目道路工程涵洞分部工程开工报告、施工记录、质量验收记录	1 审查文件签字页 2××风电项目道路工程涵洞分部工程开工报审 3××风电项目道路工程涵洞分部施工记录 4××风电项目道路工程涵洞分部试验及检查报告 5××风电项目道路工程涵洞分部工程验收申请及记录 6××风电项目道路工程涵洞分项、检验批工程质量验收申请及记录	

档案号	案卷题名	卷内题目	图例
1000-845-003	××风电项目道路工程桥梁分部工程开工、施工记录、质量验收记录	1 审查文件签字页 2 ××风电项目道路工程桥梁分部工程开工报审 3 ××风电项目道路工程桥梁分部施工记录 4 ××风电项目道路工程桥梁分部试验及检查报告 5 ××风电项目道路工程桥梁分部工程验收申请及记录 6 ××风电项目道路工程桥梁分项、检验批工程质量验收申请及记录	图112

12 工程监理、设备监造文件内容及要求（分类号861、863）

装订成册，按文种结合专业组卷，检查盖章、签字是否齐全。

档案号	案卷题名	卷内题目	图例
1000-861-001 （图113、图114）	××风电项目工程监理机构、监理单位、人员资质及检测仪器配置清单	1 审查文件签字页 2 ××风电项目工程监理组织机构启用项目部公章的通知及总监任命通知书、工程监理质量承诺书 3 ××风电项目工程监理单位资质 4 ××风电项目工程监理人员资质 5 ××风电项目工程监理检测仪器配置清单	图113
1000-861-002 （图115～图120）	××风电项目工程监理大纲、监理规划、监理实施细则	1 审查文件签字页 2 ××风电项目工程监理大纲 3 ××风电项目工程监理规划 4 ××风电项目工程监理实施细则	
1000-861-003	××风电项目监理工程现场管理、见证取样送检、隐蔽工程验收、旁站管理制度	1 审查文件签字页 2 ××风电项目工程监理机构内部管理制度 3 ××风电项目工程职业健康安全与环境保护管理制度 4 ××风电项目工程应急预案与响应制度 5 ××风电项目工程资料、档案管理制度 6 ××风电项目工程监理施工现场紧急情况处理和报告制度	图114

档案号	案卷题名	卷内题目	图例
1000-861-003	××风电项目监理工程现场管理、见证取样送检、隐蔽工程验收、旁站管理制度	7××风电项目工程监理安全生产责任目标和安全管理制度 8××风电项目工程危大项目管理制度 9××风电项目工程见证取样送检制度 10××风电项目工程隐蔽工程验收制度 11××风电项目工程监理旁站管理制度	图115
1000-861-004	××风电项目工程监理项目划分表总表、标准清单目录、施工图会审记录	1 审查文件签字页 2××风电项目工程施工质量验收项目划分汇总表 3××风电项目工程监理标准清单目录 4××风电项目工程监理交底及施工图会审记录 5××风电项目工程达标投产和创优细则及检查记录 6××风电项目工程绿色施工监理方案及检查记录	
1000-861-005	××风电项目工程监理会议纪要、监理月报、监理周报	1 审查文件签字页 2××风电项目工程监理会议纪要（第01～0N期） 3××风电项目工程监理月报（第01～0N期） 4××风电项目工程监理周报（第01～0N期） 5××风电项目安全例会纪要 6××风电项目专题会议纪要 7××风电项目工程阶段性检查监理工作汇报材料	图116

档案号	案卷题名	卷内题目	图例
1000-861-006	××风电项目工程监理日志	1 审查文件签字页 2 ××风电项目工程监理日志	风电项目 **道路工程监理细则** 批准：_____ 2018 年 09月 03日 审核：_____ 2018 年 09月 02日 编制：_____ 2018 年 09月 01日 黑龙江润华电力工程项目管理有限公司 丽江七河项目监理部 图117
1000-861-007	××风电项目工程监理旁站、见证取样送检记录、隐蔽工程验收记录、质量评估报告、事故调查、处理报告	1 审查文件签字页 2 ××风电项目工程监理见证记录、台账 3 ××风电项目工程监理原材料质量抽检及施工质量抽查专题报告 4 ××风电项目工程监理旁站记录、平行检验、巡视记录、隐蔽工程验收记录 5 ××风电项目工程质量事故调查、处理报告	
1000-861-008	××风电项目工程监理评估报告、工作总结	1 ××风电项目工程监理评估报告（单位工程） 2 ××风电项目工程监理工作总结	风电项目 **升压站土建工程监理细则** 批准：_____ 2019 年 04月 25日 审核：_____ 2019 年 04月 24日 编制：_____ 2019 年 04月 23日 黑龙江润华电力工程项目管理有限公司 丽江七河项目监理部 图118
1000-861-009	××风电项目工程监理安全、环境保护记录、调查报告	1 审查文件签字页 2 ××风电项目工程监理安全与环境教育培训记录 3 ××风电项目工程监理施工安全、环境保护及防汛检查记录 4 ××风电项目工程监理安全、环境施工调查报告与处理 5 ××风电项目工程监理安全通知及回复单	

档案号	案卷题名	卷内题目	图例
1000-861-010	××风电项目工程监理通知单及回复单	1 审查文件签字页 2 ××风电项目工程监理通知单及回复单（综合） 3 ××风电项目工程监理通知单及回复单（土建） 4 ××风电项目工程监理通知单及回复单（安全） 5 ××风电项目工程监理通知单及回复单（综合） 6 ××风电项目工程监理工作联系单（土建） 7 ××风电项目工程监理工作联系单（安装） 8 ××风电项目工程监理工作联系单（安全） 9 ××风电项目工程监理工作联系单（综合）	风电项目 送出线路工程监理细则 批准：＿＿＿ 2019 年 8 月 15 日 审核：＿＿＿ 2019 年 8 月 14 日 编制：＿＿＿ 2019 年 8 月 13 日 黑龙江润华电力工程项目管理有限公司 丽江七河项目监理部 图119
1000-861-011	××风电项目工程监理开、复工令、进度建议、延期报告、分析报告	1 审查文件签字页 2 ××风电项目工程开工令、停工令、复工令 3 ××风电项目工程进度建议、分析报告 4 ××风电项目工程监理延期报告、分析报告	
1000-861-012	××风电项目工程监理变更、索赔审核	1 审查文件签字页 2 ××风电项目工程监理变更审核、签认单及业主确认 3 ××风电项目工程变更费用审核、签字单及业主批复 4 ××风电项目费用索赔审核、签字单及业主批复	
1000-861-013	××风电项目工程开工、竣工、变更工期、施工组织、方案报审汇总表	1 审查文件签字页 2 ××风电项目工程单位工程开工报告汇总表 3 ××风电项目月施工进度计划报审汇总表	

档案号	案卷题名	卷内题目	图例
1000-861-013	××风电项目工程开工、竣工、变更工期、施工组织、方案报审汇总表	4 ××风电项目单位工程竣工报审汇总表、工程竣工验收汇总表 5 ××风电项目变更工期报审汇总表 6 ××风电项目工程暂停及复工审批汇总表 7 ××风电项目工程施工组织、施工方案汇总表	风电项目 35kV集电线路、光缆及风场接地施工监理实施细则 批准：_____ 2019 年 06 月 15 日 审核：_____ 2019 年 06 月 14 日 编制：_____ 2019 年 06 月 13 日 黑龙江润华电力工程项目管理有限公司 丽江七河项目监理部 图120
1000-861-014	××风电项目工程监理承包商资质、供应商资质、机械进场、工器具报审汇总表	1 审查文件签字页 2 ××风电项目承包商资质报审汇总表 3 ××风电项目特种作业报审汇总表 4 ××风电项目主要材料供应商资质报审汇总表 5 ××风电项目机械进场报审汇总表 6 ××风电项目工器具报审汇总表	
1000-863-001	××风电项目××设备监造工作总结、报告	1 ××风电项目××监造工作总结、报告 2 ××风电项目×××监造工作总结、报告	

13 风机调试文件内容及要求（分类号 870~872）

装订成册，按专业、阶段、系统组卷，检查盖章、签字是否齐全。

档案号	案卷题名	卷内题目	图例
1000-870-001	××风电项目风机调试方案、技术交底、强条执行记录、完工验收	1 审查文件签字页 2 ××风电项目风机调试方案、安全、技术交底记录报审及附件 3 ××风电项目风机机组保护定值 4 ××风电项目调试强条执行记录 5 ××风电项目故障处理报告、缺陷台账 6 ××风电项目风机调试完工验收单	档　　号：15000-871-001 风电项目风机调试方案（措施）、240试运行方案报审表、机组保护定值单、故障处理报告单、低电压穿越能力评估证书、调试完工报告报审表 立卷单位　北京国电思达科技有限公司 起止日期　2015.05.22-2020.10.12 保管期限　30年 密　级
1001-871-001 (图121~图123)	××风电项目1号风机调试工程调试记录、验评记录	1 审查文件签字页 2 ××风电项目1号风机调试阶段240试运行记录 3 ××风电项目1号风机调试试验收合格申请及记录 4 ××风电项目1号风机监控系统安装分项验收申请及记录 5 ××风电项目1号风机监控系统调试分项验收申请及记录 6 ××风电项目1号风机静态调试分项验收申请及记录 7 ××风电项目1号风机动态调试分项验收申请及记录	图121

档案号	案卷题名	卷内题目	图例
100N-871-001	××风电项目N号风机调试工程调试记录、验评记录	参考1001-871-001	图122
1000-872-001	××风电项目涉网及特殊试验措施、报告	1 ××风电项目涉网及特殊试验措施、报告 2 ××风电项目性能试验措施、报告	图123

14 竣工验收、工程总结和决算文件内容及要求（分类号880～883）

在每件文件的首页右上端空白处加盖并填写档号章，卷内文件按一式一份录入，（注意：检查文件盖章、日期是否齐全）。

档案号	案卷题名	卷内题目	图例
1000-880-001 （图124、图125）	××项目启动验收委员会成立的批复、请示	××项目启动验收委员会成立的批复及请示、启动验收委员会成立文件、会议纪要	图124 图125
1000-881-001 （图126）	××风电项目竣工交接与验收文件	1 ××风电项目环保专项验收文批复、请示 2 ××风电项目消防专项验收批复、请示 3 ××风电项目安全设施竣工验收批复、请示 4 ××风电项目职业卫生专项验收批复、请示 5 ××风电项目劳动保障专项验收批复、请示 6 ××风电项目水土保持专项验收批复、请示 7 ××风电项目项目档案专项验收批复、请示 8 ××风电项目建设项目整体竣工验收批复、请示 9 ××风电项目竣工档案（竣工图）移交签证及移交目录	

档案号	案卷题名	卷内题目	图例
1000-881-002	××风电项目升压站受电及首批风机并网前工程验收评价报告、工程移交生产验收材料（龙源验收）	1 ××风电项目首次检查验收报告、整改回复单、汇报材料 2 ××风电项目升压站受电及首批风机并网前验收评价报告、各标段整改回复单 3 ××风电项目工程移交生产验收、整改回复单、汇报材料 4 ××风电项目工程达标投产验收、整改回复单、汇报材料	图126
1000-882-001	××风电项目施工、调试工程总结	1 ××风电项目调试单位工程总结 2 ××风电项目道路单位工程总结 3 ××风电项目升压站建安单位工程总结 4 ××风电项目风机基础及箱变基础单位工程总结 5 ××风电项目风机安装单位工程总结 6 ××风电项目送出线路单位工程总结 7 ××风电项目配网单位工程总结 8 ××风电项目风机及箱变基础接地工程总结	
1000-883-001	××风电项目工程结算、决算审计报告	1 ××项目工程款支付、结算单及结算审核报告 2 ××项目工程决算书报告 3 ××项目工程财务决算审计报告	

93

15 竣工图内容及要求（分类号885）

图纸不装订，要求折叠成4号图样（210mm×297mm），标题栏应露在外面，并在标题栏上方空白处加盖并填写档号章、加盖竣工图章。

图纸按照专业—卷册号组卷，题名＋卷册检索号，卷内目录按图号顺序逐张录入（注意检查图号是否连续）。

档案号	案卷题名	卷内题目	图例
1000-885-001 （图127）	××风电项目竣工图编制总说明、总目录	1 ××风电项目竣工图编制总说明 2 ××风电项目竣工图总目录	图127
1000-885-002	××风电项目风机基础竣工图（W××××-FJ-T0101）	1 ××风电项目工程风机基础土建部分竣工图目录 2 ××风电项目风机基础设计竣工图总说明 3 ××风电项目风机基础结构图及单个基础工程数量表 4 ××风电项目基础竖向配筋图及钢筋表 5 ××风电项目基础底板及上部配筋图 6 ××风电项目基础剖面及钢筋大样图 7 ××风电项目基础结构图及单个基础工程数量表 8 ××风电项目基础竖向配筋图及钢筋表 9 ××风电项目基础底部及上部配筋图 10 ××风电项目基础剖面及钢筋大样图 11 ××风电项目风电场永久基准点 12 ××风电项目风电场总平面布置图 13 ××风电项目风机接地引出图	

档案号	案卷题名	卷内题目	图例
1000-885-003	××风电项目××kV升压站土建部分总图（W××××-BJ-T0001-0003）	参照1000-885-002	
1000-885-004	××风电项目××kV升压站工程土建部分中控楼-建筑竣工图（W×××-BJ-T0101）	参照1000-885-002	
1000-885-005	××风电项目××kV升压站工程土建部分中控楼-结构竣工图（W×××-BJ-T0102）	参照1000-885-002	
1000-885-006	××风电项目××kV升压站工程土建部分中控楼-给水排水竣工图（W×××-BJ-T0103）	参照1000-885-002	
1000-885-007	××风电项目××kV升压站工程土建部分中控楼-暖通竣工图（W×××-BJ-T0104）	参照1000-885-002	图128

95

档案号	案卷题名	卷内题目	图例
1000-885-008	××风电项目××kV升压站工程土建部分××kV配电室-建筑、结构、给水排水、暖通竣工图（W××××-BJ-T0201、T0202、T0203）	参照1000-885-002	**卷内备考表** 档号：15000-885-010 互见号：15000-885G-015 说明： 本卷共 15 件，共 16 页，其中图纸共 15 张。 立卷人： 2021年 6 月 15 日 检查人： 2021年 6 月 16 日 图129
1000-885-009	××风电项目××kV升压站工程土建部分GIS-建筑、结构、给水排水、暖通竣工图（W×××-BJ-T0301、T0302、T0303、T0304）	参照1000-885-002	
1000-885-010	××风电项目××kV升压站工程土建部分SVG室-建筑、结构、给水排水、暖通竣工图（W×××-BJ-T0401、T0402）	参照1000-885-002	
1000-885-011 （图128~图135）	××风电项目××kV升压站工程土建部分水泵房-建筑、结构、给水排水、暖通竣工图（W×××-BJ-T0501、T0502、T0503、T0504）	参照1000-885-002	

档案号	案卷题名	卷内题目	图例
1000-885-012	××风电项目××kV升压站工程土建部分备品库-建筑、结构、给水排水、暖通竣工图（W××××-BJ-T0601、T00602、T0603、T0604）	参照 1000-885-002	
1000-885-013	××风电项目××kV升压站工程土建部分柴油发电机房-建筑、结构、给水排水、暖通竣工图（W××××-BJ-T0701、T0702、T0703）	参照 1000-885-002	
1000-885-014（图136、图137）	××风电项目××kV升压站工程电气一次部分总的部分竣工图（W×××-BJ-D10101）	参照 1000-885-002	
1000-885-015	××风电项目××kV升压站工程电气一次部分××kV高压配电装置竣工图（W××××-BJ-D10201）	按图号顺序排列	

图 130

档案号	案卷题名	卷内题目	图例
1000-885-016	××风电项目××kV升压站工程电气一次部分主变压器及中性点设备安装图（W××××-BJ-D10301）	参照1000-885-002	
1000-885-017	××风电项目××kV升压站工程电气一次部分35kV SVG无功补偿装置竣工图（W××××-BJ-D10302）	参照1000-885-002	
1000-885-018	××风电项目××kV升压站工程电气一次部分升压站防雷及接地部分竣工图（W××××-BJ-D10401）	参照1000-885-002	
1000-885-019	××风电项目××kV升压站工程电气一次部分中控楼防雷接地竣工图（W××××-BJ-D10402）	参照1000-885-002	图131
1000-885-020	××风电项目××kV升压站工程电气一次部分辅助建筑物防雷接地竣工图（W××××-BJ-D10403）	参照1000-885-002	

档案号	案卷题名	卷内题目	图例
1000-885-021	××风电项目××kV升压站工程电气一次部分主建筑照明及动力部分竣工图（W××××-BJ-D10501）	参照1000-885-002	
1000-885-022	××风电项目××kV升压站工程电气一次部分辅助建筑物照明动力竣工图（W××××-BJ-D10502）	参照1000-885-002	图132
1000-885-023	××风电项目××kV升压站工程电气一次部分室外照明电缆敷设竣工图（W××××-BJ-D10503）	参照1000-885-002	
1000-885-024	××风电项目××kV升压站工程电气一次部分高低压配电装置竣工图（W××××-BJ-D10601）	参照1000-885-002	
1000-885-025	××风电项目××kV升压站工程电气一次部分电缆防火封堵竣工图（W××××-BJ-D10801）	参照1000-885-002	

99

档案号	案卷题名	卷内题目	图例
1000-885-026	××风电项目××kV升压站工程电气二次专业设计说明、规定竣工图（W××××-BJ-D20101）	参照1000-885-002	图133
1000-885-027	××风电项目××kV升压站工程电气二次部分计算机监控系统竣工图（W××××-BJ-D20102）	参照1000-885-002	
1000-885-028	××风电项目××kV升压站工程电气二次部分升压站交、直流电源设备竣工图（W××××-BJ-D20103）	参照1000-885-002	
1000-885-029	××风电项目××kV升压站工程电气二次部分主变压器电气二次系统竣工图（W××××-BJ-D20104）	参照1000-885-002	
1000-885-030	××风电项目××kV升压站工程电气二次部分××kV线路及母线保护系统竣工图（W××××-BJ-D20105）	参照1000-885-002	

档案号	案卷题名	卷内题目	图例
1000-885-031	××风电项目××kV升压站工程电气二次部分升压站高压侧配电装置系统竣工图（W××× ×-BJ-D20106）	参照 1000-885-002	
1000-885-032	××风电项目××kV升压站工程电气二次部分升压站公共监控及计量系统竣工图（W××× ×-BJ-D20107）	参照 1000-885-002	
1000-885-033	××风电项目××kV升压站工程电气二次部分 35kV 母线及线路电气二次系统竣工图（W×× ××-BJ-D20108）	参照 1000-885-002	
1000-885-034	××风电项目××kV升压站工程电气二次部分升压站 35kV 母线保护系统竣工图（W××× ×-BJ-D20109）	参照 1000-885-002	图 134
1000-885-035	××风电项目××kV升压站工程电气二次部分升压站无功补偿 SVG监控及保护系统竣工图（W×××-BJ-D20110）	参照 1000-885-002	

档案号	案卷题名	卷内题目	图例
1000-885-036	××风电项目××kV升压站工程电气二次部分升压站×××V站用电二次系统竣工图（W××××-BJ-D20111）	参照1000-885-002	图135
1000-885-037	××风电项目××kV升压站工程电气二次部分升压站保护及故障信息子站系统竣工图（W×××-BJ-D20112）	参照1000-885-002	
1000-885-038	××风电项目××kV升压站工程电气二次部分升压站功率控制系统竣工图（W××××-BJ-D20113）	参照1000-885-002	
1000-885-039	××风电项目××kV升压站工程电气二次部分升压站火灾自动报警系统竣工图（W×××-BJ-D20301）	参照1000-885-002	

档案号	案卷题名	卷内题目	图例
1000-885-040	××风电项目××kV升压站工程电气二次部分升压站弱电、视频监控系统竣工图（W××××-BJ-D20302）	参照1000-885-002	
1000-885-041	××风电项目××kV升压站工程电气二次部分升压站电气二次埋件竣工图（W××××-BJ-D20303）	参照1000-885-002	
1000-885-042	××风电项目工程直埋电缆及光缆部分竣工图（W××××-FJ-X0101）	参照1000-885-002	
1000-885-043	××风电场××kV送出线路工程竣工图说明书及附图、设备材料汇总表、平断定位图、杆位明细表、机电竣工图、基础、地脚螺栓竣工图、通信部分图纸	参照1000-885-002	图136
1000-885-044	××风电场××kV送出线路工程（竣工设计阶段）设备材料清册	参照1000-885-002	

103

档案号	案卷题名	卷内题目	图例
1000-885-045	××风电项目送出线路工程杆塔竣工图（××××-××Z1）	参照 1000-885-002	图137
1000-885-046	××送出线路工程风电项目送出线路工程直线塔竣工图（××××-J1）	参照 1000-885-002	
1000-885-047	××风电项目送出线路工程转角塔竣工图（××××-J2）	参照 1000-885-002	
1000-885-048	××（××MW）风电场道路竣工图	参照 1000-885-002	

16 设备文件内容及要求（分类号911~914、921~923、929）

设备文件不装订，在每件文件的首页右上端空白处加盖并填写档号章，卷内文件按一式一份录入。
设备主要由塔筒、机舱、叶轮、箱变、变电站一次设备、变电站二次设备、通信设备组成。
按专业、台件组卷顺序：质量证明文件、开箱验收、产品合格证、检验报告、图纸。

档案号	案卷题名	卷内题目	图例
1000-911-001 （图138）	××风电项目风机塔筒××塔筒厂资质、焊工资质、无损检测人员资质、特种设备人员资质	1 ××风电项目风机塔筒厂资质 2 ××风电项目风机焊工资质 3 ××风电项目风机塔筒焊接工艺评定报告 4 ××风电项目风机塔筒第三方检测公司、人员资质	图138
1000-911-002	××风电项目风机塔筒产品质量证明书	1 ××风电项目塔筒产品合格证 2 ××风电项目塔筒原材料质量证明文件	
1000-911-003	××风电项目风机塔筒法兰产品说明书、质量证明文件	1 ××风电项目风机塔筒法兰产品说明书 2 ××风电项目质量证明文件	
1001-911-001	××风电项目1号塔筒合格证、质量证明书	1 ××风电项目1号塔筒合格证 2 ××风电项目1号质量证明书	
100N-911-001	××风电项目N号塔筒合格证、质量证明书	1 ××风电项目N号塔筒合格证 2 ××风电项目N号质量证明书	

档案号	案卷题名	卷内题目	图例
1001-912-001	××风电项目1号风机机舱控制柜合格证、双馈异步发电机合格证、机舱罩合格证、试验报告、作业指导书、图纸	1 ××风电项目1号风机机舱罩合格证 2 ××风电项目1号风机机舱控制柜合格证、电测试记录 3 ××风电项目1号风机机舱电测试记录 4 ××风电项目1号风机机舱试验报告 5 ××风电项目1号风机机舱作业指导书 6 ××风电项目1号风机机舱图纸	档　　号：<u>15000-923-001</u> 风电项目升压站通信系统设备合格证、竣工设计说明、通信电源图纸、产品说明书及手册
100N-912-001	××风电项目N号风机机舱控制柜合格证、双馈异步发电机合格证、机舱罩合格证、试验报告、作业指导书、图纸	1 ××风电项目N号风机机舱罩合格证 2 ××风电项目N号风机机舱控制柜合格证、电测试记录 3 ××风电项目N号风机机舱电测试记录 4 ××风电项目N号风机机舱试验报告 5 ××风电项目N号风机机舱作业指导书 6 ××风电项目N号风机机舱图	
1001-913-001～ 100N-913-001	××风电项目1号风机轮毂、叶片、变桨系统合格证、测试报告、质量检验合格证、安装作业指导书、图纸	1 ××风电项目1号风机轮毂产品合格证 2 ××风电项目变桨系统检验报告、变桨轴承、变桨驱动产品合格证、测试报告、质量检验合格证 3 ××风电项目1号风机叶片出厂检验报告、主材检验报告 4 ××风电项目1号风机叶片安装作业指导书 5 ××风电项目1号风机叶片图纸	立卷单位　<u>昆明自动化成套集团股份有限公司</u> 起止日期　<u>20130201-20200101</u> 保管期限　<u>　　　30年　　　</u> 密　　级　<u>　　　　　　　　　</u> 图139

档案号	案卷题名	卷内题目	图例
1001-914-001~ 100N-914-001	××风电项目1号组合式变压器（箱变）及内部各元器件安装使用说明书、产品合格证、出厂检验报告	1 ××风电项目1号组合式变压器（箱变）发货清单 2 ××风电项目1号组合式变压器（箱变）安装使用说明书 3 ××风电项目1号组合式变压器（箱变）产品合格证 4 ××风电项目1号组合式变压器（箱变）出厂检验报告 5 ××风电项目1号组合式变压器（箱变）压力释放阀出厂检验报告 6 ××风电项目1号组合式变压器（箱变）分接开关合格证	图140
1000-921-001	××风电项目升压站主变压器使用说明、合格证、检验报告	1 ××风电项目升压站主变压器装箱清单 2 ××风电项目升压站主变压器出厂技术文件本体试验合格证 3 ××风电项目升压站主变压器安装使用说明书 4 ××风电项目升压站主变压器运输尺寸图、油箱吊高及基础布置图、铭牌标志图、主变本体端子箱内部二次接线图 5 ××风电项目升压站主变压器套管使用维护说明、取油阀安装和使用说明、合格证及套管外形图 6 ××风电项目升压站主变压器套管式电流互感器安装说明、合格证及检验报告	

档案号	案卷题名	卷内题目	图例
1000-921-001	××风电项目升压站主变压器使用说明、合格证、检验报告	7××风电项目升压站主变压器分接开关合格证、出厂试验报告 8××风电项目升压站主变压器储油柜说明书、合格证、检验报告、接线原理图、安装示意图及安装说明 9××风电项目升压站主变压器压力释放阀说明书及合格证 10××风电项目升压站主变压器油位计使用说明书、合格证及检验报告	图141
1000-921-002	××风电项目升压站主变中性点间隙接地保护装置说明书、合格证、检验报告	1××风电项目升压站主变中性点间隙接地保护装置装箱清单 2××风电项目升压站主变中性点间隙接地保护装置合格证及检验报告 3××风电项目升压站主变中性点间隙接地保护装置安装原理图、地基图 4××风电项目升压站主变压器有载分接开关控制器说明书 5××风电项目升压站主变金属波纹密封式储油柜说明书 6××风电项目升压站主变压器风冷控制柜说明书 7××风电项目升压站主变压器油检验报告 8××风电项目升压站主变数字式温度显示仪合格证及检验报告	

档案号	案卷题名	卷内题目	图例
1000-921-002	××风电项目升压站主变中性点间隙接地保护装置说明书、合格证、检验报告	9××风电项目升压站主变压器绕组温控器安装使用说明书 10××风电项目升压站主变绕组温控器合格证及检验报告 11××风电项目升压站主变绕组温控器注意事项 12××风电项目升压站主变绕组温度计校验记录 13××风电项目升压站主变温控器安装使用说明书 14××风电项目升压站温控器合格证及检验报告、变压器油面温控器注意事项、校验记录 15××风电项目升压站主变中性点间隙接地保护装置说明书	档号 序号 15000-123-001 2 风电场110kV升压站工程 通信系统部分 竣工设计说明书 昆明自动化(集团)电力设计有限公司 2019年12月
1000-921-003	××风电项目升压站高压无功补偿装置说明书、合格证、出厂检验报告、电气二次施工图	1××风电项目升压站SVG高压无功补偿装置装箱清单 2××风电项目升压站SVG高压无功补偿装置说明书 3××风电项目升压站SVG系列无功补偿装置合格证 4××风电项目升压站SVG触摸屏使用手册 5××风电项目升压站SVG简单使用操作及维护说明书	图142

档案号	案卷题名	卷内题目	图例
1000-921-003	××风电项目升压站高压无功补偿装置说明书、合格证、出厂检验报告、电气二次施工图	6 ××风电项目升压站SVG系列无功补偿装置出厂检验报告 7 ××风电项目升压站SVG电气二次施工图 8 ××风电项目升压站隔离开关安装使用说明书 9 ××风电项目升压站隔离开关合格证	图143
1000-921-004	××风电项目升压站GIS接地开关、安装说明书、合格证	1 ××风电项目升压站GIS接地开关、隔离开关装箱清单 2 ××风电项目升压站GIS接地开关、隔离开关合格证 3 ××风电项目升压站GIS接地开关、隔离开关电动机构安装说明书	
1000-922-001	××风电项目变电站综合自动化系统继保设备合格证、检验报告、原理图、说明书	1 变电站综合自动化系统继保设备装箱清单、说明书 2 变电站综合自动化系统GPS柜合格证 3 变电站综合自动化系统主变保护屏合格证 4 变电站综合自动化系统主变测控屏合格证 5 变电站综合自动化系统备用保护测控屏合格证 6 变电站综合自动化系统公用测控屏合格证 7 变电站综合自动化系统关口表屏合格证 8 变电站综合自动化系电能质量监测屏合格证 9 ××风电场升压站网络电力仪表出厂检验报告 10 ××风电场升压站公用测控柜屏图 11 综合自动化柜接线及原理图 12 变电站综合自动化系统技术使用说明书	

档案号	案卷题名	卷内题目	图例
1000-922-002	××风电项目光纤分相纵差成套保护装置技术检验记录、说明书	1 ××风电项目升压站光纤分相纵差成套保护装置装箱清单 2 ××风电项目升压站光纤分相纵差成套保护装置检验记录 3 ××风电项目升压站光纤分相纵差成套保护装置整机生产调试大纲 4 ××风电项目升压站风电场升压站母线保护柜屏图 5 ××风电项目升压站风电场升压站线路保护柜机柜端子排图 6 ××风电项目升压站光纤分相纵差成套保护装置技术说明书	图144
1000-922-003	××风电项目升压站电力专用UPS系列用户手册、UPS出厂检验报告	1 ××风电项目升压站电力专用UPS系列装箱清单 2 ××风电项目升压站电力专用UPS系列用户手册 3 ××风电项目升压站UPS出厂检验报告	
1000-922-004	××风电项目升压站送出线路测控装置装箱清单、技术和使用说明书	1 ××风电场升压站送出线路测控装置装箱清单 2 ××风电场升压站送出线路测控装置技术和使用说明书	

档案号	案卷题名	卷内题目	图例
1000-923-001 （图139～图146）	××风电项目升压站通信系统设备合格证、设备说明书	1 风电项目升压站工程通信系统部分装箱清单 2 风电项目升压站通信系统设备合格证 3 风电项目升压站通信系统工程系统方案图、屏柜布置图配线图 4 风电项目升压站通信系统设备交换机产品说明书 5 风电项目升压站通信系统设备快速维护手册 6 风电项目升压站通信系统设备交换统一用户说明书 7 风电项目升压站通信系统设备路由器产品说明书	图145
1000-923-002	××风电项目升压站通信系统设备网络安全检测装置说明书	1 ××风电项目升压站通信系统设备网络安全检测装置装箱清单 2 ××风电项目升压站通信系统设备加密认证网关用户手册 3 ××风电项目升压站通信系统设备日志审计系统用户手册 4 ××风电项目升压站通信系统设备防火墙快速向导 5 ××风电项目升压站通信系统设备安全评估与监控系统用户手册 6 ××风电项目升压站通信系统设备统一身份管控系统维护手册 7 ××风电项目升压站通信系统设备入侵检测系统用户使用指南	

档案号	案卷题名	卷内题目	图例
1000-923-002	××风电项目升压站通信系统设备网络安全检测装置说明书	8××风电项目升压站通信系统设备数据库审计系统用户手册 9××风电项目升压站通信系统设备网络安全检测装置产品说明书	
1000-929-001	××风电项目电缆合格证、试验报告	1××风电项目电缆合格证 2××风电项目电缆试验报告	**卷内备考表** 档号：15000-923-001 互见号：15000-92G-014 说明： 本卷共 11 件，共 456 页，其中图纸共 46 张。 立卷人： 2021年 2月 24日 检查人： 2021年 2月 24日
1000-929-002	××风电项目光缆合格证、试验报告	1××风电项目光缆合格证 2××风电项目光缆试验报告	

图 146